Heinz-Georg Wilhelm Migeod

Der Kommandeur

Heinz-Georg Wilhelm Migeod

Der Kommandeur

Kapstadt 2009

Die Deutsche Bibliothek – CIP-Einheitsaufnahme

Migeod, Heinz-Georg Wilhelm:
Der Kommandeur / Heinz-Georg Wilhelm Migeod.
- Norderstedt : Books on Demand GmbH, 2009 (1. Auflage)
ISBN siehe Rückdeckel

Die Deutsche Nationalbibliothek verzeichnet diese Publikation in der Deutschen Nationalbibliografie; detaillierte bibliografische Daten sind im Internet über dnb.d-nb.de abrufbar.

Titelbild nach einem Gemälde von Georg Lebrecht.

Die Rückseite zeigt den Autor im Jahre 2000 in einer Ausstellung des South African Air Force Museum zum 60jährigen Jubiläum der Luftschlacht um England.

© Heinz-Georg Wilhelm Migeod 2009
Herstellung und Verlag: Books on Demand GmbH
Norderstedt
ISBN 978-3-8391-1091-1

Der Kommandeur. Das war die Dienststellung mit der in der kaiserlichen Zeit, der Reichswehr, und der Wehrmacht die Führer von Einheiten vom Bataillon aufwärts bezeichnet wurden, oder bei vergleichbaren Einheiten der Luftwaffe. Bei der Kriegsflotte wurden die Führer von Schiffen „Kommandant" genannt. In dem Bereich zwischen Soldat und Kommandeur spielte sich das eigentliche Truppenleben ab, in fachlicher Ausbildung, soldatischem Ethos und Anstand. Hier erfuhr der Mann Erlebnisse, die eine ganze Zeitepoche mit geprägt haben.

Im August 1914 war die russische 1. Armee unter Samsonov auf die untere Weichsel zu vorgedrungen, während nördlich davon die 2. russische Armee auf Königsberg zielte. Diese rückte äußerst zögernd vor. Hindenburg aus seinem Ruhestand in Hannover und Ludendorff von der soeben eingenommenen Festung Lüttich kommend, reisten nach Osten und übernahmen die wenigen deutschen Truppen dort. Samsonov führte fast 200.000 Mann, Hindenburg kam auf etwa die Hälfte. Aber es gelang eine Umfassung Samsonovs, unter hohem Risiko. Das Gebiet zwischen beiden russischen Armeen konnte nur durch einen Kavallerie-Schleier abgeschirmt werden. Luftaufklärung gab es nicht. Hindenburg und Ludendorff suchten eine rasche und sichere Umfassung Samsonovs von Süden her, aber dort holte der eigenwillige General von François mit seiner 1. Division sehr weit aus, um den Sack sehr voll zu machen. Es gelang. François fuhr mit offenem Kommandeurswagen, Maschinengewehr im hinteren Sitz montiert, bei Usdau auf eine Höhe, die weite Orientierung bot. Gleiches hatte von der anderen Seite her ein russischer Offizier mit einem Trupp Kosaken vor. Sie begegneten einander oben, der MG Schütze auf dem Kraftwagen lud durch und die Kosaken zogen blank. Aber Francois stand im Auto auf und winkte mit erhobener Hand den russischen Offizier näher. Er soll ihm zugerufen haben: „Lassen wir das dumme Blutvergießen. Trennen wir uns. Adieu!" Es ging glatt. Wie sich später herausgestellt hat, war es auf der anderen Seite der Oberst Artamanov gewesen. Diese Geschichte hat mir jemand erzählt, der sich damals als junger Offizier in jenem Kavallerie-Schleier befunden hatte. Die Geschichte ist dann noch von anderer Seite belegt worden; sie scheint also so geschehen zu sein. Der Vorgang jedenfalls zeigt den Geist jener Zeit. Kurz vor seiner Niederlage hatte sich Samsonov das Leben genommen; bald darauf erschien mit weißer Flagge ein russischer Parlamentär und ersuchte um die Rückführung der Leiche. Zustimmung, und es kam ein Fuhrwerk mit der Witwe Samsonovs, die ihren Gatten exhumieren ließ und ihn nach Russland zurückführte. Die Geschichte mit François habe ich 1943 in kanadischer Kriegsgefangenschaft erfahren von jenem jungen Kavallerieleutnant, der nun ein Oberstleutnant der Luftwaffe geworden war. Kommandeur einer Jagdgruppe, Mitte der Vierziger, keine ausreichende Reaktionsfähigkeit mehr, um der schnellen Taktik der ME 109 gewachsen zu sein, war er im Sommer 1940 in der Luftschlacht über England abgeschossen worden. Mit eingezogenem Fahrwerk „Bauchlandung" auf einer glatten Wiese, doch Propeller und Motor drangen gerade noch in ein Bauernhaus ein. Die fallende Mauer erschlug ein Kind in der Wiege. Als ich ihn in Kanada kennen lernte, haderte der Oberstleutnant von Wedell noch immer mit Gott, weil dieser es zugelassen hatte, dass er als anständiger Soldat ein Kind tötete. Zeichen einer vergangenen Zeit.

Im frühen Winter 1919 marschierte das Freikorps Roßbach in Eilmärschen von Schlesien in das Baltikum. In Ostpreußen schlossen sich ihm Soldaten aus Garnisonen einfach an, so viele von den Ortelsburger Jägern. Der Erste Weltkrieg war vorbei, das Versailler Diktat noch nicht unterzeichnet, und verantwortliche Kräfte im Reich versuchten, das Baltikum und seine zahlreichen Deutschen dort vor dem roten Ansturm zu retten. Vom Reich erhielten die Freikorps keinen Bahntransport. Bei uns zu Hause in Kriegersdorf (poln. Karbowu, darin noch die prussische Wurzel Karbe), Kreis Strasburg/Westpreußen, ging auf dem großen Hof das Freikorps für eine Nacht ins

Quartier. Roßbach zu meinem Großvater: „Herr Lehmann, wenn wir das Baltikum halten, dann werden Sie mit den Polen hier wenig Ärger bekommen."

Aber es kam anders. Nach „Versaille" wurden im Januar 1920 Teile Oberschlesiens, die Provinz Posen, der größte Teil der Provinz Westpreußen („Korridor") und das Danziger Gebiet, sowie Memel, abgetreten. Die Garnison in Strasburg rückte von der Kaserne durch die Stadt zum Bahnhof ab. Diese Reste des III. Bataillons des Infanterie-Regiment 141 (IR 141) hielten auf dem malerischen, dreieckigen Marktplatz und der Kommandeur hoch zu Ross sprach zu den versammelten Deutschen und Polen. Am Ende seiner kurzen Ansprache zog er den Degen und stieß ihn hoch in die Luft: „Und wir kommen wieder!" (So mein Großvater.) Wir kamen wieder zwischen 1939 und 1945. Und wann wieder?

In Danzig gab es zu einem Gedenktag einen Aufmarsch der Schutzpolizei. Acht Hundertschaften waren durch „Versaille" dem „Freistaat Danzig" erlaubt worden; und so hatte man sie auch militärisch voll ausgebildet. Den Tschako auf dem Kopf und das grüne Uniformtuch der früheren Jägerbataillone. Vorne der Kommandeur zu Pferde. Als Schuljunge stand ich vorn am Straßenrand während sie in Langfuhr auf Danzig zu vorbeizogen und die letzten Hundertschaften lachend das Lied der Brigade Ehrhardt (Kapp-Putsch) anstimmten: „Hakenkreuz am Stahlhelm, schwarz weiß rotes Band ..." Vom Kommandeur her gellte ein scharfes: „Lied aus!" Er nahm Rücksicht auf die Lage. Der kleine Junge war enttäuscht.

1929 besuchte ich, elf Jahre alt, die schöne Stadt Schwerin. Dort stand das Artillerie-Regiment 2 (A.R. 2) und Verwandte zeigten mir auch die alte, in rotem Backstein gebaute Kaserne. Dort wurde ich dem Unteroffizier Maack anvertraut, der mich herumbegleitete und mir viel erzählte. Dort also standen die eisern ausgebildeten Reichswehrsoldaten. Die Zeit war schwer, und die Reichswehr musste befürchten, dass Kommunisten versuchten, sich Waffen und Munition anzueignen. Da trugen die Wachen je zwei Handgranaten am Koppel; bei der Munitionsanstalt außerhalb der Garnison hatten die Wachen nachts das Gewehr in der Hand, den Finger neben dem Abzug. Hier kontrollierte auch der Kommandeur die Wachen selber.

Im April 1936 war ich in Schwerin als Fahnenjunker eingerückt, beim A.R. 12, das aus dem A.R. 2 hervorgegangen war. Ein heißer Empfang und eine lange, sehr scharfe Ausbildung. Es muss wenige Monate danach gewesen sein, als Generalfeldmarschall von Blomberg das Regiment besuchte. Als Generaloberst und Kommandeur der 1. Division in Ostpreußen war er 1933 zum Kriegsminister berufen worden; er hatte schon früher eine deutliche Neigung zum Nationalsozialismus gezeigt. Das war selten, denn die Reichswehr sah sich als Garant des Staates und damit deutlich über allen Parteien. Er wollte auch das Fahnenjunker Lehrkommando sehen, und wir machten uns appellfähig wie nie. „Der Generalfeldmarschall sieht sich Euren Bettenbau an und Eure Spinde!" Wir 26 Mann waren im Kasernenhof angetreten, die beiden Ausbilder am rechten Flügel, unser Fähnrichsvater Oberleutnant Ziegler meldete. Aber bevor noch die Kommandos „Augen geradeaus" und „Rührt Euch" ertönt waren, sprach der hohe Vorgesetzte in unsere Abteilung unvorschriftsmäßig, aber väterlich hinein: „Nun, wer ist der jüngste unter Euch?" – „Hier, Fahnenjunker Abshagen, Herr Generalfeldmarschall!" – „Wie alt bist Du, mein Junge?" – „Siebzehn Jahre, Herr Generalfeldmarschall!" Blomberg hob leicht den Marschallstab und sagte mild: „O Gott, so jung, so jung." Drehte sich von uns fort und ging. Wir waren bitter enttäuscht, wir hatten frohe, anspornende Worte erwartet, und dann das! Einer von uns sagte: „Diese alte Flasche!" Das Wort klingt mir noch nach.

Das 3. Kradschützen-Bataillon lag unweit Berlin. Rekrutenausbildung April 1936; der Rekrut Erwin Daig wird von seinem Unteroffizier über die notwendige Härte der Ausbildung hinaus beschimpft und beleidigt. Als sich das wiederholt, nimmt der junge Mann das „Stillgestanden" ein, Gewehr bei Fuß und rührt sich nicht. Der Unteroffizier schnaubt. Daig steht, und steht und sagt: „Herr Unteroffizier, so bleibe ich im Stillgestanden, bis der Chef mir einen anderen Befehl gibt." Der Unteroffizier tobt und schließlich geht er hinauf in die Schreibstube und meldet. Der Kompaniechef kommt herunter, gibt den Befehl: „Rührt euch" und fragt den Rekruten nach der Ursache des merkwürdigen Verhaltens. Daig meldet und der Chef meint, diese Sache werde dem Bataillons-Kommandeur vorgetragen. Der sieht und hört sich darauf hin den jungen Mann noch einmal an und sagt: „Sie werden morgen um 12.00 Uhr im Kasino sein und mit uns essen. Weiteres sehen wir dann." So geschah es, und nach dem Essen schlug der Kommandeur dem Rekruten Erwin Daig vor, sich als Fahnenjunker zu melden und die Offizierslaufbahn einzuschlagen. Der Unteroffizier blieb im Bataillon und wurde zu einer anderen Kompanie versetzt. Daig entwickelte sich zum bemerkenswerten Soldaten und Offizier; entgegen seinem Willen wurde er 1939 zur Luftwaffe versetzt und verließ sein geliebtes Bataillon.

Im Juni 1936 waren wir in Schwerin auf die drei Batterien der I. Abteilung aufgeteilt, die mit dem Nachrichtenzug zusammen in der alten Kaserne lag. Dort erfüllten wir nacheinander mehrere Funktionen. In der Zeit war ein Führerbefehl ergangen, der in der Wehrmacht die archaische Anrede zum Vorgesetzten abschaffte. Es war dies die 3. Person Mehrzahl (z.B. „Erlauben Herr Hauptmann..."); stattdessen wurde die einfache Anrede der 3. Person Einzahl befohlen (z. B. „Erlauben Sie, Herr Hauptmann..."). Das erschien manchem unmöglich und es wurde zu einem sich hinziehenden Problem. Die Abteilung war auf dem weiten Kasernenhof aufgefahren, mit Geschützen und

Pferden. Aufgesessen und zu Ross. Oberstleutnant Scholz, der Abteilungskommandeur erschien. „Stillgesessen!" Die zwei Batteriechefs und der Führer des Nachrichtenzugs meldeten. Scholz ritt vor die Front, ein Blatt in der Hand. Vor Zorn kauend las er den neuen Führerbefehl vor. Dann legte er Hand und Papier auf den Sattelknauf und rief, dass es im Kasernenhof hallte: „Und wer zu mir Sie sagt, dem setze ich die Faust zwischen die Augen! – rührt Euch." Wir rührten auf Rosse und auf Protze und sahen einander an. Das war „der grobe Scholz", wie er bei uns schon immer hieß.

Großes Wehrmachtsmanöver im Sommer 1937. Der neue Freund des Reichs, Mussolini, war zu Gast gekommen. Ich war Unteroffizier und in die III. Abteilung A.R. 12 in Rostock versetzt, und führte in der 7. Batterie das 4. Geschütz, eine leichte Feldhaubitze 18 (l.FH. 18); 5 Kanoniere, 3 reitende Fahrer, zusammen mit meinen sieben Pferden und mir als Geschützführer. Die Sommermanöver konnten malerisch sein. Wir lagen in Dorfquartieren, eine Scheune brannte und wir löschten. Dann der Abend mit schrecklich süßem Obstwein beim Dorfschulzen. Ich gehe mal raus in den großen Garten, der durch Mauer und Zaun getrennt an den Park eines großen Guts anschloss. Und ich höre in der dunklen Nacht die Stimme meines Kommandeurs, wie er drüben in dem Park einer Dame deutlich zu Leibe rückt. Das war mir so peinlich, dass ich leise wegging. Ich mochte meinen Kommandeur nicht mehr. – Und am folgenden Tag ist die Marschkolonne der Batterie rechts herangefahren, unter einem überhängenden Gehölz in Fliegerdeckung. Rast. Die Strasse entlang naht der Kommandeur mit Adjutanten zu Pferde. Er hält an meinem Geschütz „Der Geschützführer!" Ich setze aus dem Busch und melde mich. „Hier am Zugtau, die Schlaufe nach hinten weggerutscht! Sehen Sie das nicht! Das kommt nicht wieder vor!" Und weg war er. Und meine Männer fragten mich ein weiteres Mal: „Was hat bloß der Alte immer mit Ihnen, Herr Unteroffizier?" Ich wusste schon, Fahnenjunker wurden streng beaufsichtigt und kujoniert.

Das große Wehrmachtsmanöver war vorüber. Unsere Batterie hatte auch Ehre und Vergnügen eingesammelt, unterhalb des Hügels, auf dem der Führer und Mussolini standen, in vollem Galopp in Feuerstellung zu gehen und sehr schnell eine erste Salve (Manöver –Kartusche) herauszubringen. Wir nannten das „ein Türken bauen". Vom Hügel richteten sich die Gläser auf uns, dann strömten einige Partei-Obmänner in unsere Stellung, um Zigaretten an die Kanoniere zu verteilen. Kaum waren sie weg, schmähten diese die „Partei-Bonzen". Da sagte ich: „Erst nehmt Ihr Zigaretten und dann schimpft Ihr noch auf sie." – „Herr Unteroffizier, das sind keine guten Kerle." Des Volkes Stimme? - - - Das große Manöver war vorüber und wir zogen am Nachmittag auf unsere Garnisonsstadt zu. Tief in der Nacht erreichten wir den Marktplatz von Rostock, wo unser Kommandeur und der Bataillonskommandeur des I.R. 27 zu Pferde hielten. Von Fackeln umgeben. Still und ohne Musik, um keine Bürger aufzuwecken, zogen wir an unserem Kommandeur vorüber. Das hat das junge Herz gepackt.

Standort Rostock. Ein Sonnabend im Spätsommer 1937. Zwei schwedische U-Boote zu Besuch, und bestimmte Viertel der Stadt in vollem Vergnügen. Wachtmeister Pahl und ich sind zur Streife eingeteilt, Stahlhelm, Pistole. Der Abend neigte sich schon, da kommt uns ein Soldat entgegen, eingehakt bei seiner Schönen und aus ihrem Arm heraus baut er seine Ehrenbezeigung. Anhalten, feststellen, melden. Später betreten wir ein Tanzlokal mit einem besonderen Ruf. Soldaten mehrerer Sorten, umgeben von Mädchen in wildem Durcheinander. Manche schamlose Szene. „Herr Wachtmeister, wir räumen den Saustall aus. Wir verhaften erst mal einige der Kerle!" – „Nee, min Jong. Das hier ist über unsere Reichweite": so sprach der alte realistische Soldat. Unsere Dienstzeit war auf drei Stunden bemessen und Pahl wollte zum Abschluss einen alten Freund, Gastwirt, besuchen. Hier nahmen wir einen, gegen die Vorschrift. Wohl um Mitternacht zu Haus in der Kaserne. Auf meinem Zimmer entlade ich die 08, entferne das Magazin, und drücke unbedacht ab. Ich hatte die Patrone im Lauf nicht entladen. Der Schuss kracht laut in den Blumenkasten an meinem Fenster. Man läuft auf dem Korridor zusammen, ich auch, nur um dumm zu gucken. Am folgenden Morgen, ein Sonntag, kommt nach dem Frühstück der Hauptfeldwebel Leyrer in mein Zimmer. „Na, guten Morgen, Migeod." – Dann geht er gedankenvoll zum Fenster, bohrt seinen Finger in das Schussloch, dreht sich um, und sagt: „Na, warum hat das hier keiner repariert?" und geht wieder. Ein Wunder an vorausschauender Genauigkeit; an diesem Spieß war damals ein Offizier verloren gegangen. Bei der Rückgabe von Waffe und Munition musste aber nun die eine Patrone wieder her. Ich gehe hinüber zu dem Zimmer von Pahl, um zu hören, wie er geschlafen habe. Er weiß, was ich will, öffnet eine Schublade, holt eine Patrone heraus und sagt: „Vater Pahl hat immer noch einen!" - - Unmittelbar danach habe ich mich beim Batteriechef zu melden, der mir mitteilt, wir hätten uns beim Alten zu melden. Unterwegs sagt er: „Sie machen aber auch Dummheiten, Migeod." Der Kommandeur geht dem Batteriechef und mir gegenüber nicht weiter auf Einzelheiten ein, sondern sagt nur scharf: „Ich erwarte von Ihnen, dass Sie sich zusammennehmen." Das war's. Nichts ist so fein gesponnen, dass es nicht kommt ans Licht der Sonnen. – Vor allem bei den alten Soldaten aus der Reichswehr.

Es kam die Zeit der Kriegsschule und dort hatte ich mich zur Luftwaffe gemeldet. Im April 1938 meldete ich mich bei meinem alten Regiment in Schwerin, dem A.R. 12 ab. Ich wurde kalt begrüßt. Ich machte meine Meldung. Man gab mir nicht die Hand und sagte nur: „Von einem solchen Regiment meldet man sich nicht weg, Migeod." Da stand ich nun.

Auf der Flugzeugführerschule Schleißheim, nördlich München war Kommandeur der Schule Oberstleutnant Geertz. Ein Flieger aus dem Ersten Weltkrieg, hatte er 1929/30 bei Saratov in

12

Russland an einer besonderen Ausbildung teilgenommen. Damals hatten Generaloberst von Seeckt und Tuchatchewski eine Ausbildung von Leuten der Marine, Heer und einer neuen Luftwaffe der Reichswehr in der Sowjetunion vereinbart. Das ganze stand dem „Versailler Diktat" entgegen. Geertz war bei Saratov zur fliegerischen Ausbildung gewesen. Nach dem Dienst saßen wir, einige junge Offiziere, um ihn. Ich besinne mich besonders darauf, wie er sagte: „Wissen Sie, die Russen sind haargenaue Spione. Die schreiben alles auf. Da war auf unserem Flugplatz ein Kommissar, der sagte eines Tages zu mir: Wissen Sie, Herr Geertz, ich kenne Ihre Laufbahn. Wenn Sie wollen wissen, wo Sie am 01.08.1920 als Leutnant gestanden haben und was Ihre Aufgabe war, dann kann ich Ihnen das sagen. Morgen.' – Ich habe gemeint, das wäre doch wohl nicht möglich, und er sagte, das würde ich morgen ja sehen. Und tatsächlich, er hat es genau wiedergegeben. Wissen Sie meine Herren, die wissen alles." Aber ich entgegnete: „Das erscheint unmöglich, Herr Oberstleutnant. Wissen die Kerle etwa, dass wir jetzt hier sitzen." – „Na, nichts ist unmöglich."

Auch in München geschah am 9. November 1938 die sog. „Kristallnacht". Der folgende Tag, ein Sonntag, und wir sahen in der Kaufinger Strasse einige verbretterte Schaufenster. Jüdische Geschäfte also. Unser Kommandeur sagte: „Was wir da in der Stadt gesehen haben, ist eine ausgesprochene Sauerei. Das geht glatt gegen die Reichspolitik. Da stimmt etwas nicht. Wir werden schon mal erfahren, was dahintersteckt." Im „Platzl" nahm der unverwüstliche Weiß Ferdl die Sache auf die Schippe: „Meine Lieben, Kraft durch Freude ist das nicht. Ich denke, wir sagen: Kauf durchs Fenster." Wir junge Knaben haben uns damals gedacht, wildgewordene Teile der S.A. hätten das angestellt. Aber ausgerechnet in der Nacht des höchsten Feiertags der Partei? Wie es zu diesem bösen Anschlag kam, ist viel später in dem Buch „Flammenzeichen" schürfend untersucht worden; wenn noch zu bekommen, sollte man es genau lesen und nachdenken. Die Druckstöcke vernichtet, das Buch verboten, die

Autorin stumm gemacht. Man erlaube mir diesen Einschub in unser Thema über das militärische Spannungsfeld. Im März 1933 hatte die Daily Mail den Artikel mit der knalligen Überschrift „Juda Declares War on Germany" gebracht. Das Gesetz, das 1934 die Juden ausbürgerte, haben wir zumeist als passend empfunden: kein Volk hat das Recht, dem anderen unter die Haut zu kriechen. Nun aber dieser ungesetzliche Blödsinn im November 1938. Zwei Monate zuvor hatte das Reich durch die friedliche Regelung der Sudeten-Frage und das Abkommen von München in der Welt an Ansehen erheblich gewonnen. Das sollte gestört werden, und es wurde auch nachhaltig gestört.

Nach der fliegerischen Ausbildung wollte ich Sturzkampfflieger werden und wurde, noch vor der besonderen Waffenausbildung, zur I. Gruppe Sturzkampfgeschwader 76 (I. St.G. 76) in Graz kommandiert. Wir hatten die „Ostmark" wiedergewonnen und die Gruppe war eben erst aus Mecklenburg nach Graz-Thalerhof verlegt worden. Gefreiter Staffeldt geht in Graz auf der Uferpromenade an der reißenden Murr entlang, als ihm drei lange Kerle einer Einheit der Waffen-SS entgegen kommen. Er grüßt und sie drängen ihn vom Bürgersteig in die Fahrbahn hinunter. Da packt der Staffeldt einen der Männer am Fuß, ruft „Du verdammter langer Lackel!" und hebelt ihn nach hinten. Der Mann stürzt rücklings über die Mauer tief hinunter in die Murr. Tot. Weisung an den Kommandeur der Stuka-Gruppe, Major Walter Sigel, das Nötige zu veranlassen. Das wäre Meldung der Sache beim Kriegsgericht gewesen. Der Kommandeur aber lässt die Gruppe auf dem Platz in Thalerhof antreten, etwa 550 Mann. „Gruppe stillgestanden! – „Gefreiter Staffeldt vortreten." – „Ich bestrafe den Gefreiten Staffeldt – mit einer Woche Sonderurlaub." – „Rührt Euch." Ich hatte ähnliches noch nie gehört oder erlebt. Staffeldt ging auf Urlaub; wie der Kommandeur die Angelegenheit nach oben abgewickelt hat, ist mir unbekannt. Sigel war in mancher Hinsicht außerordentlich. - Das war der Staffeldt aber auch. Mai 1940, im Frankreich-Feldzug, erhält er die Nachricht vom Tode seines Vaters in

Mecklenburg. Also sofort ein kurzer Urlaub für ihn. Als er sich danach beim Staffelkapitän zurückmeldet, höre ich: „Melde mich vom Urlaub zurück. Melde Herrn Hauptmann, dass ich mich verlobt habe." „Was, Staffeldt, Begräbnis und Verlobung zugleich?" „Ach wat, Herr Hauptmann, alles in ein Afwaschen!" Staffeldt war ein entschlossener Mann und auch ein guter 1. Wart seiner Maschine.

Mit Polen war das Klima scharf geworden. Bei uns zuhause im „Polnischen Korridor" hatten in den Sommer-Manövern immer in Kriegersdorf Truppen im Quartier gelegen. Die Offiziere aßen mit am Mittagstisch; man sprach auch Deutsch miteinander. Aber nicht mehr im Hochsommer 1939. Polen besaß die wohl schönste schneidige Kavallerie der Welt, als Waffe aber veraltet. Eins dieser Regimenter hatte in Kriegersdorf gelegen und rückte eines grauen Morgens wieder weiter. Das Zimmermädchen lief heulend zu meiner Großmutter, sie könne das Zimmer des Obersten nicht aufräumen. Und sie zeigte ihr das Werk des Kommandeurs. Der hatte als Abschiedsgruss unter den Teppich gemacht. Vielleicht war er doch ein guter Truppenführer gewesen.

Ich war wider Willen zur Jagdschule Werneuchen ostwärts Berlin versetzt worden. Sommer 1939. Im April war der Krieg um Spanien beendet worden, und unsere Legion Condor war mit einer begeisternden Parade in Berlin heimgekehrt. Ein Film mit dem Arbeitstitel „Luftkampf über Spanien" wurde in Werneuchen begonnen. In einem Nahaufklärer He 46 stand im Beobachtersitz mit Aufnahmegerät der bekannte Regisseur Ritter während wir in den guten alten Doppeldecker He 51 mit national-spanischen Kennzeichen in Reihe auf ihn hinunter gingen. Wenn Aufnahme verkorkst, dann alles landen, neue Besprechung, wieder hinauf. Alles hoch über dem Boden der alten Mark Brandenburg. Als Jäger der Roten traten tschechische Avia 323 auf, große runde Scheiben gemalt auf Flächen und

Rumpf. Wir hatten diese Maschinen 1938 von den Tschechen übernommen. Sehr wendig und bei der Landung pfiffen sie in hohen Tönen verschieden je nach dem Anstellwinkel. Künstler wollten ganze Tonfolgen „fliegen". Aber Ende August war die ganze Filmerei plötzlich abgebrochen worden, denn der „Freundschaftspakt" mit Sowjetrussland wurde angebahnt. Wir hatten einen außergewöhnlichen Lehrgangsleiter, Oberstleutnant Lützow, ein Nachkomme des Freikorps-Kommandeurs aus dem Krieg gegen Napoleon. Einige Filmleute und wir waren ins Feiern geraten. Der grasbewachsene Flugplatz wurde von der Schafherde eines „Platz-Landwirts" immer kurz geweidet; er hatte auch einen Ziegenbock in der Herde „um Krankheit abzuwehren". Den holten wir herein und flößten ihm mit Schlauch eine Mischung aus Bier und Cognac in den Hals. Kläglich meckernd verlor er „Kaffee-Bohnen" und legte sich auf die Seite und wir in betrunkener Fröhlichkeit. Da tritt der Lützow herein. Kein Wort, der lange Kerl sieht jedem Einzelnen ruhig ins Auge, wendet den Rücken und geht. Wir legen den Ziegenbock hinaus aufs Gras, fangen an uns zu schämen und verlassen die Stätte der grünen Dummheit. Beim Waffenstillstand 1945 hat Lützow seine ME 262 und sich in eine Felswand geflogen. Einige Monate zuvor hatte er den „Aufstand der Jagdflieger" gegen Göring geführt.

Polen und England hatten eine Lage herbeigeführt, der das Reich mit aller Kunst nicht ausweichen konnte. Die I. St.G. 76 war Mitte August 1939 nach Niederschlesien in Bereitschaft verlegt worden. Dann wurde eine Übung mit scharfen Bomben in Zusammenarbeit mit der Infanterie auf dem Übungsplatz Neuhammer angesetzt. Das Wetter war unsicher. Die Gruppe startet mit Stab und 3 Staffeln (insgesamt 30 Maschinen), um ein Übungs-Ziel mit scharfen Bomben unmittelbar vor der Infanterie anzugreifen. Vor dem Sturz aus 3000 m Höhe hatte sich ein Wolkenstreifen dazwischen geschoben, die Gruppe wollte im Sturz hindurch stoßen. Die Wetterfrösche hatten Wolken nicht als aufliegend gemeldet. Sigel hielt die Augen beim

Stürzen auf dem Höhenmesser, und als unter 1000 m noch keine Bodensicht erschien, befahl er im Funksprech „Abfangen, abfangen, abfangen!" Aber viele schalteten zu spät, 14 Maschinen gingen unmittelbar in den Boden, 3 rasierten die Baumwipfel in scharfen Notlandungen. 28 Mann waren tot; die Explosionen der Bomben sollen erstaunlich weit zu hören gewesen sein. Der Kommandeur mit dem Gruppenstab war noch eben klar gekommen, die 1. Staffel war weg und einige der 2. Staffel. Die 3. Staffel war überhaupt nicht gestürzt, dem Kapitän war die Wetterlage zu mulmig erschienen. Die Frage entstand, ob der Rest der Gruppe aufzulösen und der Kommandeur zur Rechenschaft zu ziehen sei. Walter Sigel saß während der Entscheidung für drei Tage im Stubenarrest in seinem Zimmer. In der Zeit bekam er an seinen Schläfen weiße Haare. Es war der Chef seiner Luftflotte, General Albert Kesselring, der Vernunft durchsetzte. Die Gruppe wurde aufgefüllt und ihr Kommandeur wurde entlastet. Bald darauf flog die I. St.G. 76 in den Polenfeldzug.

Am 10. Mai 1940 hatten wir die Offensive im Westen begonnen und flogen am 12. Mai auf ein Ziel bei Sedan, als mich vor dem Ziel ein französischer Jäger (Curtiss) aus dem Verband heraus schoss. Ich ging steil nach unten mit weißer Rauchfahne, der Feind folgte nicht. Es gelang mir, die Maschine in einem steilen Waldtal der Ardennen gegen den Hang zu „landen". Niemandsland zwischen zurückgehenden Franzosen und einer vorstoßenden deutschen Division. Eine eigene Geschichte wäre zu erzählen, wie ich mit den Leuten im nahen Dorf zurechtkam, wie wir meinen gestorbenen Schützen, Gefreiten Gaeth, beerdigten, und wie ich über Neufchâtel und durch Luxemburg noch in der tiefen Nacht zu unserem Feldflugplatz Dockendorf bei Bitburg gelangte. Ich meldete mich beim Alten und unterbrach seinen gerechten Schlaf. „Migeod, wir hatten Sie aufgegeben, wegen der weißen Rauchfahne. Ihre Kiste hätten wir morgen an Ihre Mutter geschickt. Gut, dass sie wieder da sind. Für 24 Stunden werden Sie nicht fliegen." – „Aber Herr

Oberstleutnant, ich bin nicht verwundet und ganz frisch!" – „Nein, nein, Sie gehen mal schlafen, so lange Sie wollen. Übermorgen sehen wir weiter." Am nächsten Vormittag erschienen zwei Sonderführer von einer Propaganda-Kompanie („Schmalspur-Offiziere") und wollten meine Erlebnisse für die Heimat zu Papier bringen. Sie waren zu wortgewandt. Sie versuchten, meinen Bericht abzubiegen zu Äußerungen über „den feigen französischen Feind" und ähnliche Dummheiten. Sie waren nicht zufrieden, als ich betonte, wir hätten mit den Franzosen alle Hände voll zu tun, und die Soldaten vom Heer erlebten es ebenso. Der Franzose sei ein tapferer Gegner. Sie hätten das zu bringen, was ich Ihnen sagte. Später meinte der Alte zu mir, dass wäre gut so gewesen, wir sollten es Ihnen nicht erlauben, die Dinge zu verfälschen. Mit den Herren der Presse hatte unser Kommandeur zwei Jahre später ein persönliches Sträußchen zu pflücken, auf das ich noch komme.

Bei Bastogne der erste Feldflugplatz im Feindesland. Umgeben von Weiden mit grasenden Kühen; die Tiere brüllen vor Schmerz, weil niemand sie melkt. Denn die Bauern sind vor den bösen Deutschen geflohen. Der Kommandeur hatte erlaubt und empfohlen, die Tiere zu melken, wenn Zeit frei war, ein Schlachten war verboten. Da sehe ich doch unseren Stabsarzt Dr. Fuchs mit langen staksigen Beinen auf ein Kalb zugehen und ihm sein Stethoskop ans Herz zu legen. Laut ruft er: „Das Tier hat einen schweren Herzfehler, Notschlachtung nötig!" und stakst hinüber zum Kommandeur. Der Doktor war ein notorischer Witzbold. Sigel widerstand dem Spaß nicht und genehmigte. Es ist dann noch ein weiteres Tier genehmigt worden und wir hatten zwischen den Einsätzen nicht nur Milch zu trinken sondern auch Fleisch zu essen.

Das nächste Quartier befand sich südlich Sedan. Ein Gut mit kleinem Chateau. Alt, dunkel, stilvoll. An den Wänden Gobelins und echte Gemälde, darunter Watteau (18. Jh.). „Meine Herren, sehen Sie sich die Bilder gut an, aber berühren Sie sie nicht. Zum Abendessen erscheinen Sie bitte in langer Hose." Dies, um nicht mit hohen Stiefeln etwa schwarze Schuhcreme an die Gobelinstühle und –sessel zu bringen.

Weiter nach Frankreich hinein. Wir fliegen auf Anlagen im Hafen von Calais. Damals bekamen wir keinen eigenen Jagdschutz mit, stattdessen hieß es in den Einsatzbefehlen: „der Luftraum ist frei gekämpft". Als ob der es bliebe. Vor dem Sturz auf den Hafen sehen wir unklar gegen die Sonne im Südwesten einen kleinen Verband schneller Maschinen. Wir nehmen an, es seien unsere ME 109 und unser Kommandeur grüßt wackelnd mit den Flächen. Nun kurven die Burschen auf uns ein, und wir erkennen weg von der Sonne, dass „Pfauenauge", Kokarde der Engländer. Und schon geht es los. Wir sind zum Glück über dem Ziel, beginnen den Sturz und die Burschen folgen uns hinein: JU 87, Spitfire, JU 87, Spitfire, JU 87, Spitfire ... In dieser bunten Kette ging es hinunter; im Sturz wurde schon gefeuert, nichts traf. Der Alte im Funksprech: „Ganz tief abfangen!" So ging es hinab, abfangen bei etwa 300 m, man kam dann gerade noch klar. Durch unsere Sturzflugbremsen, die den Sturz auf gut 500 km/h begrenzten. Die Spitfires besaßen keine Sturzflugbremsen, waren schneller und konnten nicht eng abfangen. Vier oder fünf von Ihnen rauschten in den Boden. So haarscharfe Dinge können nur mit erfahrenen Besatzungen geflogen werden. Im Funksprech gab es großen Jubel, und Übermut beim tiefen Heimflug. Ich wetzte mit meiner Kette (3 Maschinen) vor Freude unter einer Hochspannungsleitung durch, aber der Alte befahl mich scharf auf Höhe. Er nahm mich auf dem Flugplatz dann zur Brust: „Jetzt haben wir die Schweinerei glatt hinter uns, und Sie machen Dummheiten. Ich verbitte mir das!"

Frankreich war geschlagen, aber wir flogen noch Einsätze Ende Mai von Auxerre aus. In einem Waldstück hatten sich französische Panzer zu einem Angriff auf unsere Truppen bereitgestellt, davor ein Schleier feindlicher Infanterie. Wir griffen auf das Waldstück an, ein Durcheinander von getroffenen Panzern und gefallenen Bäumen, der Angriff der Panzer war erledigt. Danach Tiefangriff mit Maschinengewehren auf die Infanterie und was sich sonst um den Wald zeigte. Als ich auf den zufliege, sehe ich einen großen Kerl stehen, der mir ein langes blitzendes Etwas über dem Kopf entgegenschwingt. Schwarz, vielleicht ein Marokkaner. Er wollte mir sagen, er würde Hackfleisch aus mir machen, sollten wir notlanden. Der Mann war so tapfer, dass ich einfach nicht auf den Knopf drückte. Ich zog über ihn hinweg. Am Abend meinte mein Kommandeur: „Migeod, so edle Nerven soll man nur einmal zeigen."

Die Stuka-Waffe war wegen hoher Verluste aus der Luftschlacht über England herausgezogen worden. Aber es wurde geübt, Infanteriedienst, Flugdienst. Mein Staffelkapitän Hauptmann Steen war für seine Dienststellung beinahe eine Nummer zu groß, er war wie ein Kommandeur. Das wurde er dann auch im Mai 1941. Flugübung der Staffel und zum Abschluss der allbekannte „Immelmann', d.h. die neun Maschinen der Staffel in Reihe hintereinander ziehen senkrecht hoch, nahe ans Abreißen der Strömung und Abkippen, um dann mit letzter Strömung mittels Seitenruder zu drehen und senkrecht in Gegenrichtung hinunter zu gehen. Alles im ansteigenden Ast, aber der Kapitän dreht nicht, sondern wird in schiefer Lage größer, d.h. er fällt zurück. Verdammt. Ins Seitenruder treten und die steile Reihe fällt rechts und links auseinander. Der große Gott hat uns geschont, niemand ist zusammengestoßen, was eigentlich hätte geschehen müssen. Landung. Und es stellt sich heraus, dass nach Wurfübung mit Zementbomben am vorigen Tag unter der Maschine des Kapitäns die 250 kg-Bombe zwischen dem Fahrwerk nicht abgenommen worden war. Der Bombenwart erhielt ein Donnerwetter, aber der Flugzeugführer wusste ebenso gut, dass er vor jedem Start seine Maschine anzusehen hatte.

Unser sonst so strenger Kapitän war für eine Zeit zur Milde selber geworden.

Hauptmann Hooge war zu unserer Gruppe kommandiert worden. Er und ich gingen zum Abendessen im Städtchen in das Soldatenheim und wir tranken einen. Hooge wohl eine mehrfache Menge. Auf dem Heimweg geriet er mit einem Beamten vom Heere aneinander, ich versuchte zu bremsen, aber es wurde eine dumme Sache daraus. Der Mann vom Heer meldete. Generaloberst Wolfram von Richthofen, Kommandierender General unseres VIII. Fliegerkorps und Vetter des berühmten Jagdfliegers aus dem Ersten Weltkrieg, hatte sich ein festes und gutes Verhältnis zum Heer vorgenommen, mit dem unser Korps ja eng zusammen zu arbeiten hatte. Also verhängte Richthofen massive Strafen: Hooge ging für vier Wochen auf Festung nach Köln, ich erhielt zwei Wochen Stubenarrest. Mein schönes Zimmer zeigte auf einen Park, und dort nahm ich mir ein kriegsgeschichtliches Thema vor. Aber zum Nebenzimmer ging eine Doppeltür, hinter der hauste mein Kamerad, der Oberleutnant Ebener. Da hörte ich manchmal wie die eine Tür geöffnet wurde, dann ein Bums auf die Schwelle, und Schließen der Tür. Ich öffnete meinerseits und da stand eine Flasche guten Cognacs, verboten im Stubenarrest. Etwa nach einer Woche meines Arrests gab es unten im Gebäude eine kleine Feier mit unserem Kommandeur Oberstleutnant Walter Sigel. Plötzlich kommt man hinauf zu mir: „Der Kommandeur bittet Dich herunter. Er hat gesagt, es sei ein Blödsinn, dass Du da herumsitzt. Die Strafe sei abgebrochen." Unten melde ich mich dann beim Alten; und dann viel Vergnügen und dumme Witze. Sigel zeigte wieder einmal Mannesmut nach oben; davon später noch mehr.

Monate vergingen ohne Einsatz. Die Luftschlacht über England war abgebrochen worden und wir erfahren erst nach dem Kriege, dass das Reich und einige Neutrale hoffnungsvolle

Friedensverhandlungs-Angebote unternommen hatten. Der Winter meldete sich und wir verlegten in die Heimat. Eine gute Woche in Breslau, wo wir einschneiten und festsaßen. Vor dem Start zur weiteren Verlegung nach Vöslau südlich Wien wurden wir in das „Kaltstart-Verfahren" eingeführt, bei über 20 Grad Kälte. Das hieß, ein Quantum Treibstoff wurde in den Ölkreislauf geleitet, damit die Motoren überhaupt ansprangen und rasch auf volle Startleistung gebracht werden konnten. Auch in Wien umgab uns die Heimat, bis es im März plötzlich hieß: Verlegung nach Rumänien. Zwischenlandung in Kekskemet bei den Ungarn. Tiefnasse Rasen-Piste. Zwei meiner Maschinen bleiben beim Ausrollen nach der Landung stecken. Gasgeben kann dazu führen, dass die Maschine auf die Nase kippt. Die gelandeten Besatzungen stapfen ruhig hin zum Schieben und zum Aufsitzen auf der Höhenflosse. Am Rande des Flugfelds schliff gerade ein Major seine Soldaten in selbst uns aus der Rekrutenzeit unbekanntem Schwung. Der scheuchte seine Männer zum Helfen an unsere Maschinen und plötzlich hörte ich seine scharfe Stimme hinter mir: „Herr Kamerrrad, Ihrrrre Leute sind sehrrrr bequem!" Sprachs und verschwand, Monokel und langer Säbel, wie ein Blitz aus alten Zeiten. Danach mein Kommandeur: „Migeod, da haben Sie wohl einen charmanten k.u.k. Anschiss bekommen!"

Nach einigen Tagen Bukarest hieß es: Verlegung nach Plovdiv in Bulgarien. Das also bedeutete Eingreifen in Griechenland, das Mussolini vier Monate zuvor unerwartet und ohne das Reich zu benachrichtigen angegriffen hatte. Aber die Griechen hielten nicht nur Stand, sondern schlugen die Italiener nach Albanien hinein zurück. Jetzt hier und etwa gleichzeitig in Nordafrika sollte unsere kostspielige Hilfeleistung für Italien beginnen. Der Flug nach Plovdiv führte uns in niedriger Höhe über die weite fruchtbare Walachei und über den wuchtigen Strom der unteren Donau. Unsere Pioniere hatten zwei kilometerlange Ponton-Brücken gelegt. Ein großes Werk militärischer Technik. Der Flug ging über die langen Marschsäulen des Heeres hinweg, die nach

Bulgarien hinein marschierten. Wir würden also zu tun bekommen.

Am 6. April 1941 begannen wir von mehreren Seiten das aus dem Vertragsverhältnis abgefallene Jugoslawien und Griechenland anzugreifen. Zusammen mit der 5. Gebirgs-Division wurde die hochmoderne Metaxaslinie durchbrochen und wir verlegten auf einen provisorischen Platz bei Kanatlara (Kanatlarci) in Mazedonien. Der Ortsvorsteher des tief moslemischen, großen Dorfes beherrschte teilweise Deutsch. Wir landeten herein und hatten für einen folgenden Einsatz Bomben unter den Maschinen. Die Bevölkerung umsteht dicht das Flugfeld und eine Maschine rollt sehr weit aus, die Tragfläche mit den 50 kg-Bomben schwankt und dort hält ein alter Mann seine Füße in ein kleines Wasser. Eine 50 kg-Bombe schlägt ihm gegen den Kopf. Tot. Unser Kommandeur will den Ortsvorsteher streng zur Rede stellen, die Leute nicht vom Flugfeld weggehalten zu haben. Aber der hebt beide Hände mit den klassischen Worten: „Eurer Gnaden, macht nichts. Er war ja schon so alt." Und er begrüßt uns „auf deutschem Kulturboden" wunderschön, denn eine deutsche Feldfliegerabteilung hatte schon im Ersten Weltkrieg an der Saloniki-Front dort gelegen.

Den Olymp hatten wir passiert, unseren Gebirgsjägern in schwierigen Einsätzen geholfen und befanden uns nun auf dem Flugplatz von Larissa. Unser letzter Angriff war am Rande der Stadt auf eine Straßenbrücke gegangen, Häuser unmittelbar daneben hatten gelitten. Zwei Kameraden kehrten von einer Dienstfahrt zurück und meldeten sich beim Abendessen. Sie hatten sich auch dieses letzte Ziel angesehen; das zerstörte Haus war ein Bordell gewesen und tote Frauen lagen noch umher. Die beiden begannen schmierig darüber zu sprechen. Der Kommandeur klopft hart auf den Tisch: „So was schickt sich nicht. Meine Herren, wir müssen wissen, wer wir sind und wofür wir kämpfen. Verstanden!"

Am 23. Mai 1941 flogen wir im Angriff auf Kreta und die englische Flotte aus dem Feldflugplatz Moulai (ostwärts Finger des Peloponnes). Und es meldet sich beim Kommandeur der Oberleutnant Hans-Ulrich Rudel. - Im September 1940 war er zu unserer Gruppe versetzt worden, aber passte sich in keiner Weise ein. Er flog miserabel, wenn z.B. die Staffel durch eine Wolkendecke stieg und zuvor auf enge Formation aufschloss, um einander sehen zu können, fiel Rudel aus der Formation heraus. Er muss den Knüppel statt mit sanften Fingern, mit eiserner Faust geführt haben. Er schloss sich dem Kameradenkreis wenig an, schlug sich das Eis im Winter auf, um zu baden, schätzte nicht Wein, Weib und Gesang und war starr ideologisch. Schließlich wurde er „zur fliegerischen Überprüfung" zurück auf die Stuka-Schule kommandiert. Jetzt erst, im folgenden Mai, meldete er sich beim Alten zurück, und ich höre dessen fatale Worte: „Rudel, bei mir kriegen Sie keine Maschine." Da habe ich meinen Alten überhaupt nicht verstanden. Ich sehe noch, wie Rudel uns nachblickt, während wir im Morgengrauen hinausstarten. Als im folgenden Monat der Russlandkrieg begann, wurde im Wehrmachtsbericht bald der Name Rudel genannt. Wir konnten kaum glauben, dass das unser Rudel sein sollte. Aber er war es. Er war „der Rudel" geworden. Mein alter Staffelkapitän, Hauptmann Steen, hatte eine Gruppe erhalten und lag bei Narwa. Es ging vor allem auf Ziele der russischen Flotte um Kronstadt. Dort war die Flak so dicht, wie man es selbst über London und Malta nicht erleben konnte. Als Überführungs-Pilot brachte er Maschinen aus der Heimat zu Steen und dieser bot ihm an, beim nächsten Einsatz einfach mitzufliegen. So geschah es, und Rudel vernichtete bald das große Schlachtschiff „Marat", während in den Tagen Steen mit der „Oktjabr Revoluzia" unterging. Er hat sich noch mit der Maschine auf diesen schweren Kreuzer werfen können, nachdem ihm im Sturz ein Teil der Fläche weggeschossen worden war.

Ende Mai. Drei englische Zerstörer hatten des nachts unangenehm in deutsche Stellungen an der Nordküste von Kreta hinein geschossen, hatten die Westseite der Insel umrundet und liefen südlich in Richtung Alexandria. Einsatz auf die Burschen. Wir fassen sie unmittelbar bei der kleinen Insel Gavdos, etwa 30 km südlich Kreta. Der Alte blieb oben, um, wenn nötig, noch einen Wurf korrigierend verbessern zu können. Wir hatten damals Zeit zu so einer gemächlichen Taktik. Es sind drei schnelle moderne Zerstörer; „Kashmir", „Kelly" und „Kipling". Wir stürzen und sie kurven um ihr Leben. Schwer, sie so im Visier zu fassen, tangential und mit Vorhalt, aber es gelang. Einer brach in der Mitte auseinander, ein anderer kippte Kiel oben, der Dritte fuhr ab mit einer Ölspur. Zurück, Auftanken, Beladen und schnell fertig gewordene Maschinen gehen mit dem Kommandeur wieder nach Süden, die Ölspur zu finden und das Schiff zu fassen. Sonne, aber feuchter dicker Dunst, Sicht auf die See beinahe nur senkrecht möglich, kein Horizont. Ölspur hört auf. Wir finden nichts und kehren zurück. Der Kommandeur: „Na, einer muss ja nach Hause fahren und erzählen, wie es war." Wie später zu erfahren, war „Kipling" entkommen, hatte noch schwimmende Seeleute und den Kommandanten der Flottille, Konteradmiral Mountbatten (aus dem Geschlecht Battenberg), aufgenommen und nach Alexandria gebracht. Hätte doch unser Seenotdienst das Lügenmaul Mountbatten gerettet. So aber hat er gleich in Alexandria eine grobe Entstellung über unseren Einsatz verbreitet. Ein anderes Kapitel. (Ich habe darüber berichtet in „Deutscher Soldatenkalender", Ausgabe 1991/1992.)

Der Befehlshaber der britischen Mittelmeerflotte, Admiral Cunningham, hatte kurz zuvor einen Tagesbefehl erlassen, in dem es u. a. hieß: „... und wir werden die Stukas wie tolle Hunde vom Himmel schießen." Eine Art von Befehlssprache, die es beim deutschen Militär nicht gab. Der Kommandierende unseres VIII. Fliegerkorps, General Wolfram von Richthofen, befahl daraufhin, unmittelbar in seine drei unterstellten Stuka Gruppen hinein, es gäbe beim Angriff auf die Flotte nicht mehr die übliche Abwurfhöhe von etwa 600 m, sondern wir hätten nicht höher als 300 m auszulösen. Das hieß, nach dem Abfangen noch gerade über dem Wasser klar zu kommen. Das Ergebnis war, dass nach dem Abschluss der Kämpfe um Kreta die Flotte etwa 70 % ihrer Tonnage verloren hatte, durch Versenkung und durch erhebliche Beschädigungen. Cunningham hätte besser geschwiegen.

Wir hatten uns längst an das Fliegen über dem großen Wasser gewöhnt. Während es im Frieden verboten gewesen war, mit einer einmotorigen Maschine auch nur eine Meeresbucht zu überfliegen, galt das seit unserer Überquerung des Ärmelkanals nicht mehr. Wir trugen die Schwimmweste und hatten ein Schlauchboot gefaltet zwischen den Gurten des Fallschirms, mit Pressluftflasche. Ein alter Kommandeur, aus der Marine gekommen, hatte uns in die Neuheiten des Fliegens über See eingeführt, und wir saßen in großer Runde auf dem Rasen um ihn herum, während der alte Bär uns mit Ungewohntem manche Spannung nahm. Es war der Oberst Mahlke.

Meine Berichte sind nun im wässrigen Bereich. Da lasse ich die Chronologie beiseite und will verbürgte Vorkommnisse aus unserer Kriegsmarine wiedergeben. Unmittelbar vor dem Krieg besaßen wir um die 25 U-Boote; d.h. je ein Drittel am Feind, auf dem Marsch und in der Werft. Auch dieser Umstand erweist, dass es für einen „Fall England" keine Planung gab. Zu der Zeit kreuzte das U-Boot des Kommandanten Kapitänleutnant Wohlfahrt den Kurs des Schlachtschiffs „Gneisenau", Kommandant Admiral Günther Lütjens. Kleiner Kommandant hatte dem großen Kommandanten eine Ehrenbezeigung hinüber winken zu lassen. Wohlfahrt ließ seinen Signalgast winken: „Gratuliere zu dem schönen Schiff." Daraufhin Winkspruch von oben herab: „Name Kommandant?" Wohlfahrt ließ nach oben zurückwinken: „Können Sie das auch?" Er schloss das Turmluk und tauchte. „Gneisenau" konnte nicht tauchen.

Es gab eine, vor allem in der Marine, verbreitete Kunst, Vorgesetzte unter Wahrung aller Form, zur Weißglut zu treiben. Einer der großen U-Boot Kommandanten war der Kapitänleutnant Schepke. Nach hoher Beute an Tonnage und langer Abwesenheit kommt Schepke nach dem Stützpunkt St. Nazaire an der Biskaya zurück. Das aufgetauchte Boot läuft aus und gleitet zur Pier. Auf dem Kai ist ein Empfang vorbereitet, vor der Marinekappelle erhebt der Musikmeister den Taktstock zum Begrüßungsmarsch. Schepke auf dem Turm des Boots durch die „Flüstertüte": „Ist der Adolf noch am Ruder?!" Auf dem Kai bestürztes Abwinken. Daraufhin Schepke mit der „Flüstertüte" laut ins Boot hinunter: „Maschine volle Kraft rückwärts!" Eifrige Hüter der Ordnung wollten Schepke bestrafen lassen, aber Dönitz hielt seine große Hand über ihn.

Kreta war genommen und die Gruppe verlegt Ende Juni 1941 auf die Insel Rhodos, die zusammen mit Nebeninseln seit 1912 zu Italien gehörte. Dort lagen wir ganze zwei Monate und kannten den Grund damals nicht. Später war klar: Wenn nach unserem Angriff auf Russland die Türken die sowjetische Schwarzmeer-Flotte durch die Meerengen ins Mittelmeer gelassen hätte, sollten wir sie empfangen. Niemand kam und wir lebten wie der liebe Gott in Frankreich. Nur einmal gab es etwas, ein Fernaufklärer meldete ein größeres schnell fahrendes Schiff im Mittelmeer von Ost nach West. Der Kommandeur schickte mich mit drei Maschinen los. Südöstlich Kreta sah ich es, deutlich mehr als 10000 BRT. So etwas großes fuhr hier nicht frei durch die Gegend. Wir stürzen und mittendrin erscheinen mir auf Bug und Heck zwei große rote Kreuze in weißem Feld „Abfangen, abfangen". Zwei Maschinen bleiben auf niederer Höhe im Umkreis, und ich sehe mir unten das Schiff an. Tiefflug, beide Bordwände entlang. Sind verdeckte Geschütze oder Minenwurfgerät zu sehen? In dem Fall werden wir ihn „unter Wasser treten". Aber nichts ist zu erkennen. Der Kapitän fuhr seinen Weg geradeaus, er muss eiserne Nerven gehabt haben. Ich melde mich zurück und Sigel meint: „Ganz richtig so.

Rotes Kreuz ist Rotes Kreuz. Hätten Sie etwa geworfen, wäre daraus eine Propagandablase gegen uns entstanden." Einen Tag später meldet ein Fernaufklärer über Malta, das Schiff läge an dem Kai, wo üblicherweise Truppen-Material angelandet würde.

Rhodos ist eine bedeutende Stadt mit tiefer Geschichte, erhabenen Bauwerken und Plätzen. Auf einem solchen steht eine Gruppe italienischer Offiziere beisammen, der Gefreite Dadieu unserer Gruppe geht vorüber und baut eine Ehrenbezeigung. Die Herren rühren keine Hand. Unser Gefreiter wird zornig, er ist ein Steiermärker, und er kann italienisch. Er zieht eine Schleife, geht wieder vorbei, mit Ehrenbezeigung. Nichts rührt sich. Da tritt er heran und spricht: „Meine Herren, für Sie ist es eine hohe Ehre, von einem deutschen Gefreiten gegrüßt zu werden." Einige grüßen schnell, die anderen nicht. Meldung an den Gouverneur der Insel, der unseren Kommandeur zu sich bittet, um ihn zu tadeln. Doch Sigel hat dem Herrn der Insel verständlich gemacht, dass bei uns auch der kleine Soldat ein Kamerad und ein gleichwertiger Mensch sei.

Ein anderes Mal war ein Ritterkreuz bei uns fällig und auf der hohen Terrasse des Hotels, hoch über der Stadt, feierten wir. Germanische Gesänge erklangen laut hinüber in die schlafende Stadt. Am nächsten Tage hatte unser Kommandeur sich beim Gouverneur wirklich einen Tadel zu holen. – Dann sollen eines grauen Morgens vor dem Hotel Della Mare zwei Paare, wie der Herr sie erschaffen, in Liebesspielen gesichtet worden sein. Wie man das meinen Kameraden andichten konnte, weiß ich bis heute nicht. Jedenfalls ist unser Kommandeur auch in dieser Sache von oben ermahnt worden. Einmal sagte Sigel im kleinen Kreise: „Meine Gruppe macht es mir nicht leicht auf dieser schönen Insel."

Rhodos befand sich damals an einem Kreuzweg. Der Irak hatte

sich gegen hereingebrachte englisch-indische Truppen erhoben und Deutschland versuchte, in den plötzlich entstandenen Kampf einzugreifen. Lufttransporte gingen nach Bagdad und eine Zerstörerstaffel (ME 110) unter Hauptmann von Blomberg (Sohn des seinerzeitigen Kriegsministers) verlegte zum Flugplatz Habbanija. Eines Abends erhielt unsere Gruppe den Befehl, in den Irak zu verlegen. Auf dem Weg Angriff auf einen Flugplatz auf Zypern, Zwischenlandung in Aleppo. Dieser nördliche Teil Syriens befand sich noch in der Hand des mit uns verbundenen Vichy-Frankreich. Auf dem Platz von Aleppo wahrte man jedoch peinlich seine Rechte: Eine imaginäre Linie teilte den kreisrunden Platz in eine Vichy- und eine deutsche Zone. Es war geschehen, dass ein Besatzungsmitglied einer deutschen Maschine versehentlich über die Linie gestiegen war; ein schneller Polizeiwagen nahm ihn fest. Ohne den Mann konnte die Maschine nicht starten; zeitraubendes Kuddelmuddel war die Folge. Am Abend vor unserem Start nach Osten war es unserem Kommandeur gelungen, dass der Befehl zurückgenommen wurde. Im anderen Falle wären wir aus dem Irak schwerlich wieder aufgetaucht. – In Syrien selber befanden sich vom Süden her französische Truppen des General de Gaulle im Angriff gegen die Vichy Truppen unter General Dentz im Norden. Um ihn zu verstärken flog eine Gruppe französischer Jäger nach Aleppo und zwischenlandete bei uns in Rhodos. Es waren wendige schnelle Dewoitine 520, die 1940 noch nicht frontreif gewesen waren. Am Flugplatz bei uns im Freien ein Film „Der Krieg in Frankreich". Wir standen und sahen und langsam kamen die französischen Piloten auch heran und bald ihr heftiges Gemurmel: „Ja, so war das gewesen." „Das ist objektiv". Wir hätten uns mit ihnen zu einem Trunk hinsetzen sollen, aber wir waren überheblich. Schade.

Es dauerte nicht lange, der Krieg im Irak war verloren und irakische Offiziere gingen über Rhodos nach Deutschland. Da haben wir sie in kleinen Begegnungen gesprochen und gehört und haben oft nicht gewusst, welche hohen Tiere wir da wohl vor uns gehabt hatten. Es war der General Raschid el-Ghailani gewesen und seine Umgebung, die dann weiter nach Deutschland reisten.

Im September 1941 verlegten wir von Rhodos nach Malemes auf Kreta, auf den im Sommer hart umkämpften Platz. In Graz hatte die Frau unseres Kommandeurs eine Tochter geboren, und wir feierten das in einer großen Runde. Abendessen mit griechischem Wein; unsere Gläser wurden gefüllt. Es gab im Lande aber auch einen sogenannten „Koniak", der grausig schmeckte. Er hatte fast die Farbe wie der goldgelbe Wein. Ich verspätete mich zu dem Essen, um vielleicht zwei Minuten, und das hatte gereicht, um auf Befehl des Kommandeurs mein Glas nicht mit Wein sondern dem „Koniak" füllen zu lassen. Meldung und Entschuldigung beim Alten. Dann erhob sich alles, um das erste Glas auf den Führer zu trinken, ex. Ich hatte das meine an der Nase, roch das böse Gesöff, aber es musste hinunter. Da hatte ich dann an diesem Abend eine schöne Vau-Null. Ich sah, wie sich mein Alter amüsierte und öfter herblickte.

In der Staffel hatte ich einen Fliegerschützen, der mit seinem klassischen Griechisch auf dem Festlande nicht verstanden wurde. Auf Kreta aber konnte er sich, zu unserem Erstaunen, mit seinem humanistischen Altgriechisch gut durchhelfen. So hatte er persönliche Verbindung mit dem ganz nahen Dorf Malemes. Eines Tags kam er und bat um ein paar Tage Urlaub, um in einigen erreichbaren Bergdörfern Forschungen anzustellen. Da sollten archäologische Spuren sein, die die Wissenschaft noch gar nicht bemerkt habe. Und es sollen dort Menschen einer ganz anderen Art leben. Diese Nachrichten packten mich, aber über den Urlaub musste der Kommandeur entscheiden. Der hörte das an, rieb sich wie immer das Kinn und sagte: „Das scheint ja wichtig zu sein, Sie kriegen also fünf Tage, innerhalb deren Sie zurück sein müssen. Sie wissen ja selber, dass in den Bergen Partisanen stecken. Wenn Sie nicht innerhalb von fünf Tagen zurück sind, muss eine Suchaktion losgehen. Ersparen Sie uns das." – „Herr Oberstleutnant, die Dörfler geben mir einen Geleitbrief mit. Und da oben sind die Leute jetzt keine Partisanen mehr, sagen sie." Das gelehrte Haus konnte seine fünf Tage einhalten, kam zurück und berichtete lange. Ich bin heute noch ärgerlich, dass ich ihn nicht um eine Niederschrift seiner Beobachtungen gebeten hatte. Da oben waren tatsächlich mehrere Ruinen kleineren Umfangs, und jene Dörfler waren zum großen Teil blonde Leute. Es sind die Nachkommen der Dorer, die nach der Katastrophe des Thera Vulkans, mit der folgenden Zerstörung des kretischen Königreichs, etwa nach 1200 v.Chr. auf Kreta gelandet waren.

Ein Kriegsgericht war zusammengetreten über einem Mann unserer Besatzungs-Division. Er hatte in vollständiger Trunkenheit ein kleines Mädchen missbraucht und getötet. Beisitzer (eine Art Schöffe) sollten auch gerade von einem anderen Truppenteil kommen. Oberstleutnant Sigel ordnete mich dazu ab, aber der Auftrag widerstand mir völlig. „Sie müssen so etwas auch einmal machen. Gehen Sie nur." Der Mann wurde zum Tode durch Erschießen verurteilt. Er war Anfang seiner Dreißiger und altes Mitglied der NSDAP mit dem goldenen Parteiabzeichen. Es half ihm nichts. Das Erschießungskommando trat an und bevor es schoss, rief der Mann laut: „Es lebe Deutschland."

Anfang November waren die ruhigen Zeiten zu Ende und es ging nach Nordafrika. Wir landeten zuerst in Derna, um aber bald ein Stück nach Südosten zu verlegen, auf den kreisrunden Platz Martuba. Bald landet auch die II. Gruppe Jagdgeschwader 27 (II. J.G. 27) hinein. Ein Einsatzbefehl auf Schiffe im Hafen von Tobruk liegt vor, unser Jagdschutz ist eben gelandet. Aber unsere Bomben werden mit einer Lastwagenkolonne gerade erst angefahren. Ein Inspektor führt sie und erklärt dem Kommandeur, bevor die Bomben zum Beladen unserer Gruppe übergeben würden, müssten sie auf dem Bomben-Sammelplatz registriert werden. Der Einsatzbefehl aber liegt vor, die Zeit drängt und ich sehe Sigel, wie er die Pistolentasche öffnet und dem Inspektor zuruft: „Wenn Sie Ihre Lastwagen nicht gleich an die Maschinen fahren lassen, dann schieße ich." Da gingen die Bomben unmittelbar an die Maschinen, die beladen wurden. Aber die Dinge wollten nicht nach Wunsch laufen. Die Luftwarnung gibt Alarm: Feindliche Jagdbomber (Jabos) sind im Anflug auf den Platz. Die Jagdgruppe startet auf eine bis dahin nicht gesehene Weise heraus: Ihre drei Staffeln stehen sich auf dem runden Platz im Dreieck gegenüber, in Linie nebeneinander aufgestellt und sie starten gleichzeitig aufeinander zu, die eine ganz tief, die andere mittelhoch, die nächste höher weg. Und im Nu sind die etwa 25 Maschinen in der Luft und in Formation. So haben sie herumrollen und nacheinander Starten mit Wolken von Sand vermieden und wertvolle Zeit gewonnen; das ist nur mit erfahrenen und beherzten Flugzeugführern zu machen. Ihr Kommandeur, Hauptmann Lippert, hat uns dies seltene Stück eben gezeigt. Er ist einige Tage später gefallen. Sehr bald nach dem Start der Jäger sehen und hören wir den Luftkampf mit den englischen Jabos, von denen viele abgeschossen werden; Brände und Rauchfahnen gehen herunter. Ihr Angriff ist abgeschlagen und unsere Jäger kehren zurück, zuerst ein Tiefflug über den Platz und wer abgeschossen hat, der „wackelt". Tanken, aufmunitionieren und es geht gemeinsam auf Tobruk.

Von Malta her gefährdeten die Engländer unseren Nachschub erheblich; und so wurde die Verpflegung oft sehr eintönig. Da gab es die ausgezeichnete italienische Gulaschkonserve, auf der 1kg Dose eingestanzt A.M. (Alimentazione Militare). Die gab es dann fast immer reichlich und ausschließlich. Der Landser Humor half sich: „Herr Gott, schon wieder Alter Mann!" Der wenig humorvolle Oberquartiermeister der Panzerarmee verfügte, dass dieses Wort zu unterlassen sei! Daraufhin war im Sprachschatz der Afrika Front das Wort lebendig. Ich vermute, dass auch Rommel gelegentlich „Alter Mann" gesagt hat, denn er schätzte treffende Worte. So benannte er den Maresciallo Bastico als „Marschall Bombastico". Da Tripolitanien italienisches Territorium, unterstanden die mitteleuropäischen Verbündeten dort formal dem Marschall. Das beeinflusste in keiner Weise den Ablauf der militärischen Vorgänge.

Damals versuchten wir zum ersten Mal, Tobruk zu nehmen; und die Panzerarmee hatte die Festung umgangen und war bis an die ägyptische Grenze gelangt. Dort gab es auf der lybischen Seite den kleinen Hafen Bardia neben dem unmittelbar eine steile Felsenuferwand aufragte. Darin waren tiefe Kasematten geschlagen. Als sich die Panzerarmee Ende November zurückziehen musste, blieb der „Kessel von Bardia" zurück. Unter dem Kommandeur Major Bach, Pfarrer im Zivilberuf, wollte er im Kriege seinen Mann als Reserveoffizier stehen. Er war eine wahre Führergestalt, und seine Soldaten hingen an ihm. In diesen Kessel hinein musste ich eine Notlandung bauen, und Bach freute sich über den Zuwachs: „Nun rufen Sie sich mal Ihre alte Infanterieausbildung zurück. Sie bekommen Karabiner und Munition, und eine gute Einweisung von dem Feldwebel hier." Bald bezogen mein Schütze und ich Schützenlöcher hinter dem Drahtverhau. Bardia war vielleicht ein Anziehungspunkt für Piloten, denn bald baute eine zweimotorige Bristol-Blenheim eine gefährliche Notlandung. Die drei Mann schienen stark verletzt und konnten bei uns nicht ausreichend behandelt werden. Bach ließ an die Belagerer funken, dass die drei Engländer Lazarett und Operation benötigten und er Waffenruhe vorschlage, damit sie hinausgebracht werden könnten. Zustimmung, und es fuhr ein Lastwagen mit einer weißen Flagge zwischen dem auseinandergezogenen Stacheldraht mit den Dreien hinaus. Lange kam der Wagen nicht zurück und der Fahrer erzählte, die Briten wollten ihn dabehalten und sagten, er müsse ja sowieso bald kapitulieren. Er wollte zurück. Mein Schütze und ich wurden zusammen mit einigen anderen eines Nachts mit einem Motorschiff abgeholt. So brauchten wir nicht zu kapitulieren, wie Bach es bald darauf wegen Mangel an

Munition und Verpflegung tun musste.

Nach einer langen Gelbsucht („das ist ja beinahe Schwarz-Sucht") wurde ich im März 1942 zur Ergänzungsstaffel des Geschwaders nach Piacenza kommandiert. Dort gaben wir von den Stuka-Schulen kommenden Besatzungen einen letzten Schliff, und ich hatte vor allem eine Menge Bulgaren in der edlen Kunst des Sturzkampfflugs auszubilden. Unser Kommandeur war mittlerweile Kommodore des Sturzkampfgeschwader 3 geworden und kam aus Nordafrika an, um seine Ergänzungsstaffel zu inspizieren. Auf seinem Rückflug hatte ich ihn bis Brindisi zu begleiten. Der März war schon warm in Oberitalien, aber Sigel stieg in eine pelzgefütterte Winterkombination. Ich in meiner leichten Sommerkombination sah ihn an und fragte fröhlich, ob wir nach Sibirien fliegen wollten. Er antwortete nicht. Dann stiegen wir und stiegen auf vielleicht 6000 m. Die JU 87 hat keine Kabinenheizung. Mir wurde es lausekalt, aber ich musste ja dran bleiben. Bei der Landung in Brindisi muss ich ganz klein und blau ausgesehen haben, und der Alte legte mir die Hand auf die Schulter und sagte lächelnd: „Nicht so vorwitzig, mein Lieber."

Ein ostpreußischer Freund hat außergewöhnliches veranstaltet und erlebt. Italien wollte auch eine Stuka-Waffe besitzen und kaufte 27 Maschinen JU 87 B (drei Staffeln), die er von Bad Aibling nach Piacenza zu überführen hatte. Für einen Leutnant eine beachtliche Aufgabe. Das Starten wurde erst spät möglich, sodass sie in Piacenza im Dunkeln hätten landen müssen. So beschloss mein Freund, sicherheitshalber eine abendliche Zwischenlandung in Bozen. Unter den Verbündeten war vereinbart worden, dass keine deutschen Soldaten Südtirol betreten würden. Die Deutschen dort sollten „nicht unruhig werden". Der italienische Ortskommandant aber machte keine Einwendungen, und unsere Flugzeugführer mit Heckschützen (54 Mann) gingen ins Privatquartier in Bozen. Helle

Begeisterung, lange abendliche Feiern in den Häusern. (Es sollen rund neun Monate später zwei Kinder nachgemeldet worden sein. So etwas scheint oft unvermeidlich.) Start am nächsten Morgen um sieben Uhr. Nach der Flugbesprechung sieht mein Freund hinter dem Zaun des Flugplatzes die Menschen in dichten Mengen stehen; Bozen will seine Stukas abwinken. Da kommt ihm ein Gedanke: „Nochmal herumkommen. Wir gehen auf 4000 m, Sturz auf das Flughafengebäude, Abfanghöhe 500 m. Höhenmesser auf Platzhöhe einstellen." So geschah es, 27 Donnerkeile heulten herunter. Und dann hatten sich die Bozener über den Zaun geschwungen, im Flughafengebäude die Italiener verhauen, und dieses verwüstet. Ob sie den klassischen Stuka-Angriff als Befreiungssignal genommen hatten? Meldung nach Rom zur Regia Aeronautica, hinüber zum deutschen Botschafter, und nach Berlin. Das Bündnis hat wohl ein wenig gebebt. Ein gutes halbes Jahr später führt mein Freund im mittleren Russland eine Staffel und wird plötzlich zu seinem Kommodore befohlen. Und der schnaubt ihn an: „Was haben Sie sich damals in Bozen eigentlich gedacht!" – Da fiel meinem Freund die Geschichte erst wieder ein und er meinte: „Herr Oberstleutnant, ich weiß, das gibt eine Strafe." – „Was reden Sie von Strafe! Sie haben lange keinen guten französischen Cognac gesehen." Und er zog eine Schublade auf, zog eine Flasche heraus, setzte zwei Gläser nach und goss ein: „So, darauf trinken wir einen. Was ich nach oben zu melden habe, geht Sie nichts an. Danke." Die Sache war erledigt; wir wissen nicht, was der Oberstleutnant Droescher nach oben gemeldet hat.

Im April müssen die Ostertage gewesen sein und ich bekam Befehl, am 2. Osterfeiertag in München-Neubiberg Maschinen für Piacenza zu übernehmen. Am Ostersonnabend in München angekommen, vereinbarte ich mit meinen Besatzungen das Treffen am Montag. Ich hingegen flog nach Nürnberg, um das Osterfest mit meiner Verlobten und Familie zu begehen. Bis Nürnberg lag kein Flugauftrag vor. Beim Abflug von Nürnberg fragte mich der Flugleitungs-Feldwebel nach dem Flugauftrag bis

München. „Den brauche ich nicht, Kraftstoff ist genug in der Maschine." „Jawoll, Herr Oberleutnant." So sagte der liebe Feldwebel und hat dann eine schriftliche Meldung abgefasst. Als wir nach Piacenza zurückgekommen waren, lagen in fernschriftlicher Kopie die Meldung und die Einleitung eines Kriegsgerichtsverfahrens vor. Aber mein Ausbildungsauftrag war beendet und der Lehrgangsleiter und ich waren froh, dass ich nun bald wieder beim Geschwader in Nordafrika sein würde. Die Angelegenheit würde sich „unterwegs verlaufen", so meinten wir. Auf dem Flugplatz Ain-el-Ghazala westlich Tobruk melde ich mich beim Alten zurück. „Schön, dass wir Sie wieder da haben, Migeod. Aber da liegt die Sache gegen Sie vor." Und jetzt wurde er wütend und blitzte mich an: „Es ist immer dasselbe mit Ihnen. Wenn hier ein Topf mit Honig steht, und da einer mit Scheiße – Sie treten in die Scheiße!! – Aber das machen wir schon irgendwie – Sie übernehmen jetzt die 2. Staffel. Wir stehen im Angriff auf Tobruk. Diesmal werden wir es nehmen." Das war eine Wechseldusche, kalt – warm. Tobruk wurde genommen und wir verfolgten den Feind, bis er uns vor El Alamain Halt gebot. Und da lagen wir und hatten viel zu tun. Das Feldgericht fragte an, nach der Vernehmung des Oberleutnant Migeod, aber der Alte antwortete zurück, wir seien im Vormarsch und im Einsatz und die Akten befänden sich beim Tross. Das Feldgericht bohrte weiter und eines Tages im Oktober 1942 ließ unser Alter mich kommen, sah mich lange an: „Das Feldgericht wird dringlich, Migeod. Was machen wir? Ich hab's – er fasste das Kinn in die Hand – Sie verschwinden in der Oase Siwa, für drei Tage. Wir melden Sie vermisst. Und die Sache ist ausgestanden!" Ich freute mich bereits auf die Oase mit dem „Bad der Kleopatra" tief im Süden, und die Dattel-Scheiche, aber einen Tag später begann Montgomery mit der großen Offensive. Ich konnte nicht nach Siwa.

Ende Juli hinter der Front von El Alamain, im von Sandsäcken gepolsterten Bunker an unserem Flugplatz, gab es wieder ein Erlebnis mit dem Pressewesen. In Athen wurde der „Adler von

Hellas" gedruckt und ging an die Truppe im Balkan, in Griechenland und in Nordafrika. Einer der Mitarbeiter, Sonderführer „Wort" - also ein gestandener Journalist, hatte wohl eine Woche zuvor den Kommandeur befragt gehabt. Und dann hatte er in seinem Artikel erzählt, der Kommandeur sage: „Wenn ich am Steuer meiner Maschine sitze, vergesse ich Weib und Kind." Den „Adler von Hellas" bezog auch seine Frau in Graz, und der Kommandeur erhielt von ihr einen fragenden Brief. Nun war ich zugegen, als dieser journalistische Unglücksvogel wieder bei uns erschien und ihn der Alte zur Brust nahm. Unser Alter war so einer dummen Rede unfähig, und er wusch dem Mann jetzt den Kopf. Und „klein Fritzchen" (ich) hat sich richtig gefreut, das mit anzuhören.

Am Ende des Juli verlegte die Gruppe mit technischem Spitzenpersonal nach Bari, um dort den neuen Typ der JU 87, die „Dora", zu übernehmen, einzufliegen, Zementbomben werfen, Schiessübungen. Wir hatten kaum begonnen, als uns ein Einsatzbefehl nach Trapani/Sizilien rief. Die Luftwaffe hatte die entscheidend wichtige Insel Malta sturmreif gemacht und sie war reif zum Angriff durch unsere und die gut ausgebildeten italienischen Fallschirmjäger. England brachte einen bis dahin nicht gesehenen Geleitzug zusammen, um die wichtige, gefährdete Insel zu entsetzen. „Pedestal" umfasste fünf Flugzeugträger, zwei Schlachtschiffe und zahlreiche andere Kriegsschiffe, die 18 Frachter und Tanker schützten. Die Armada hatte die Strasse von Gibraltar durchfahren, als bald der kleine Flugzeugträger „Eagle" vom U-Boot mit Kapitänleutnant Rosenbaum herausgeschossen wurde. Wir hatten den eindeutigen Befehl, nicht Kriegsschiffe, sondern allein die Frachtschiffe und Tanker zu zerstören. Verlegung voraus nach Cagliari auf Sardinien; erstmals führt die Gruppe mein Freund, Hauptmann Martin Mossdorf. Wir springen in Cagliari ab und sehen nach einer knappen Stunde eine Ansammlung von Schiffen wie sie uns noch nie begegnet war. Am Rande des ganzen sahen wir einen großen Flugzeugträger, diese Art Wild hatten wir noch nie unter uns gehabt. Also ran, und wir vernichten ihn. Es war die „Indomitable", 34500 T. Ein Nachspiel hatte Mossdorf nach den drei Tagen Kampf um „Pedestal". Er hatte sich in Rom bei Kesselring zu melden und ich nahm an, er würde nicht zu uns wiederkehren. Doch er erzählte mir dann, wie Kesselring ihm lange ins Gewissen geredet habe, ihm den gefährdeten Ausgang des Krieges ausgemalt habe und wie er ihn dann mit Handschlag zu einer vollständigen Befehlstreue verpflichtet hat.

„Pedestal" hatte nach Malta zwei Frachter und einen Tanker durchgebracht, diesen halb versunken, auf Wasserlinie hineingeschleppt. Das ganze für uns ein taktischer Erfolg; ein strategischer Erfolg aber für die Engländer. Denn die Insel lebte wieder und störte nachhaltig unseren Nachschub nach Nordafrika. Die letzten sichernden Kriegsschiffe liefen mit hoher Fahrt dicht unter der algerischen Küste nach Westen ab. Diese wollten wir noch kriegen und ihnen einen Denkzettel geben. Dabei hat ein kleiner Flaksplitter meinen linken Flächentank durchschlagen, und mir fehlten zum Rückflug 150 Liter. Abmelden vom Verband und Abschwenken auf das algerische Festland. Dort fand ich beim Städtchen Philippeville einen Flugplatz und landete. Ein Auto saust herbei mit einem Capitane, der überraschend gut Deutsch sprach. Wohl ein Elsässer. Ich brauche Benzin! „Monsieur, das geht nicht so einfach. Das muss durch die Waffenstillstandskommission in Wiesbaden erst genehmigt werden. Unsere Regierung (Vichy) hängt am deutschen Zapfhahn." Ab ins Städtchen, wo er mich und meinen Schützen dem Standortkommandanten vorzustellen hatte. Ein im kolonialen Stil schön gebautes Kommandogebäude; wir warten in der Eingangshalle. Vom Ende eines Korridors naht sporenklirrend der Colonel, unter dem französischen Militärkäppi weiße Schläfen und auf der Nase ein Pincenet. Klein, drahtig. Nach dem Vorstellen erwarte ich, dass er uns die Hand gibt. Nichts, stattdessen funkelte er mich eine Weile durch den Kneifer an, machte kehrt und ging sporenklirrend davon. Der Capitane entschuldigte sich, er könne das Elsass nicht vergessen. „Wir haben es aber auch nicht vergessen." Es sollte dreißig Stunden dauern, bis wir das Benzin hatten; wo immer wir hingingen, saß uns ein Detektiv dran. Gefragt, was das solle, meinte er kurz, unsere Uniformen könnten die Eingeborenen beunruhigen. Quartier im hoch über Stadt und Meer liegenden Hospital. Alsbald kommen Ärzte und Personal heran, um zu fragen „ob wir es ihnen ordentlich gegeben haben". Sie hatten die überraschende Vernichtung eines großen Teils ihrer Flotte im Hafen von Oran nicht vergessen. Ob bei dem Einsatz auch die Italiener dabei gewesen seien. Nicht sehr geschickt begann ich, bei diesem Einsatz wären sie nicht da gewesen, aber... . Da lachten meine Franzosen auf und riefen: „Ja, mein Herr, Sie haben sie nicht gesehen und Sie werden sie niemals sehen. Wir gratulieren Ihnen zu Ihren herrlichen Verbündeten." In der Tat hatte ich bei den Einsätzen auf „Pedestal' ausgesprochen tapfere italienische Verbände gesehen, ausgestattet mit veraltetem Material, die „rangingen wie Blücher". Unsere Italiener waren als Flieger glänzend, aber es musste die Sonne scheinen über dem Mare Nostrum. Den Schlechtwetter- und Instrumentenflug überließen sie den sturen Freunden aus dem Norden. In Philippeville hatten mich mehrere französische Soldaten angesprochen, die sich an unsere Ostfront gegen die Sowjets melden wollten.

Im Stuka-Geschwader 3 befand sich nach der Neugliederung auch die Insterburger Gruppe. Ihr Kommandeur wurde versetzt und es erschien Major Sorge aus dem Generalstab. Diese Herren sollten auch mal an die Front, auch um Auszeichnungen zu gewinnen. Sorge konnte die Maschine fliegen und auch werfen, aber das Führen eines Verbandes erfordert Können und besondere Überlegung. Da können keine schnellen Kursänderungen stattfinden, ohne den Verband durcheinander zu bringen und zu gefährden. Die meisten Einsätze erfolgten im Gruppen-Verband, also drei Staffeln, je nach dem Stand der Flugbereitschaft gut zwanzig Maschinen. Nachdem Sorge den ersten Einsatz der Gruppe geführt hatte, meldete sich sein ältester Staffelkapitän, Oberleutnant Kuhlmey, bei ihm und sagte: „Herr Major, so geht das nicht. Von nun an werde ich in der Luft die Gruppe führen. Am Boden befehligen Sie natürlich." Sorge war ein sehr vernünftiger Mensch und stimmte einfach zu; mitten in den Einsätzen war es das Beste, was er tun konnte.

Feindliche Jäger schossen manchmal von oben herab im Gleitflug unsere Führungsmaschine heraus, und so kam der Befehl, die Kommandeure hätten die Einsätze nicht mehr zu führen. Das sollten die ältesten Staffelkapitäne machen. Aber Walter Sigel und Kuhlmey, obwohl bereits Inhaber hoher Auszeichnungen, beachteten diesen Befehl nicht und flogen. So war dann, wie ich später erfuhr, der inzwischen Gruppenkommandeur gewordene Major Kuhlmey geflogen und abgeschossen worden. Im großen Gebiet um Tunis griff er ein amerikanisches Ziel im Süden an. Abgeschossen und gefangen genommen, erschienen er und sein Schütze jedoch drei Tage später wieder bei der Gruppe. Beide in Räuberzivil und zerschunden; sie waren ausgebrochen und hatten zwei Amerikaner erschlagen.

An der Front hatten wir nur undeutlich das Gefühl, die Gesamtleistung der Luftwaffe sei schwächer geworden. Jedenfalls suchte der Reichsführer SS, Heinrich Himmler, Einfluss auf die Luftwaffe zu gewinnen. Es wurde zu unserem Geschwader der Oberleutnant Niemann als Ordonanz-Offizier kommandiert, nichtfliegend. Eines Tages holte unser Alter uns zusammen, Niemann war nicht dabei: „Meine Herren, Sie wissen, dass der Herr Niemann sich jetzt im Geschwaderstab befindet. Er besitzt einen Dienstgrad der SS. Ich erwarte nun, dass sie ihre reichlich lockere Zunge zähmen. Jedenfalls in Gegenwart von Oberleutnant Niemann. Wir verstehen uns." Walter Sigel war Nationalsozialist, überzeugt, aber kein Eiferer.

Ständig feilte er an der Flug- und Angriffstaktik seiner Gruppen. Er forderte von Zeit zu Zeit die Besatzungen auf, sich Gedanken zu machen über mögliche Verbesserungen. Sie sollten, wenn auch noch so gering, ihm vorgetragen oder vorgelegt werden. Auf die Weise besaßen wir wahrscheinlich eine optimale Fluggliederung nach Höhe, Breite und Tiefe, zusammengefasstes Feuer der Schützen nach rückwärts, Auflösung der Formation zum Sturz und ihr schnelles Sammeln unten. Verluste durch Jäger wurden deutlich geringer.

Die Jäger des J.G. 27 galten für uns wie eine Lebensversicherung. Da führte der junge Hauptmann Marseille eine Staffel, sein Gruppenkommandeur, auch ein erfolgreicher Jäger, war ein etwas steifer Vorgesetzter. Marseille dagegen besaß künstlerischen Pfiff. Beide standen sich nicht. Täglich geht unmittelbar nach Sonnenaufgang eine Rotte hinauf zur Frühaufklärung; das macht im Allgemeinen ein erfahrener Feldwebel. Aber der Kommandeur befiehlt seinen Staffelkapitän Marseille zu diesem Flug. Zorn im Bauch kehrt Marseille vom Auftrag zurück und bevor er landet, geht er über das Zelt seines Kommandeurs, der sich vielleicht gerade rasiert, und haut ihm dahinter zwei 2cm Granaten in den Sand. Was nun! – man kann ja den Marseille nicht mitten in den Einsätzen einsperren! Oberst „Edu" Neumann hat mir nach dem Kriege erzählt, wie er die beiden einzeln vorgenommen habe, um dann das ganze mit dem Mantel der Güte nach oben abzudecken.

Ende Oktober 1942 hatte die große Offensive der VIII. englischen Armee begonnen. Die Front war mit etwa 80 km Luftlinie kurz; zwischen dem Meer und der Quattara-Senke, die bis zu 180 m unter dem Meersspiegel liegt. Doch da gibt es Pfade und es konnte sein, dass geführt von Beduinen, feindliche Trupps in unser Hinterland einsickerten. Das aufzuklären, schickte mich der Alte los. Drei Maschinen, weit auseinandergezogen, suchten wir in geringer Höhe das Gelände am Rande der großen Senke lange ab. Nichts, nur der übliche Kameldorn. Eine glänzende Tarnung, solange Mensch und Fahrzeug still stehen und sich nicht rühren. Da plötzlich wölkt nicht weit vor uns eine Wand von Sand hoch in die Luft und auf wohl 3000 m Höhe gewahren wir die „sturen Achtzehn" – die übliche rhombische Bomberformation der Feinde - , von unseren Jägern angegriffen und ihre Bombenlast im Notwurf geschlossen abgeworfen. Und in dem weiten Gebiet waren Sie ausgerechnet in einen Beduinenstamm hineingefallen, der sich vor all dem Luftlärm getarnt hatte. Wir erblickten mit flatternden Gewändern laufende Gestalten, angeschlagene Kamele, die noch im Sand ruderten. Ein trauriges Aufklärungs-Ergebnis am Rande der Schlacht.

Die Schlacht von El Alamain war verloren gegangen, nicht zuletzt durch den völligen Mangel an Treibstoff für die Panzer. Wir hatten mit Mühe zurückverlegt auf den großen Platz von Sidi-el-Barrani. Die Gruppe am westlichen Rand erkennt mit Gläsern auf der Ostseite Fahrzeuge mit Kommandoflaggen, also Rommel selber. Dahinter ziehen aus dem Osten auf einmal Staubwolken hoch und eine Menge Fahrzeuge kommt an. Bald darauf erfuhren wir, es sei etwa die Hälfte der Fallschirmbrigade Ramcke und der habe sich gerade bei Rommel zurückgemeldet. Die Brigade hatte etwa in der Mitte der El Alamain Front gestanden, und besaß außer einigen Kettenkrädern nichts fahrbares. Sie hielten die Front, aber die Flanken waren links und rechts weg. Und dann haben sie unter hohen eigenen Verlusten den Briten Lastwagen und Panzerspähwagen abgenommen und konnten sich dem Rückzug später anschließen. Ramcke hat noch Geschichte gemacht bis in die Anfänge der Bundesrepublik hinein.

Am 11.11.1942 wurde ich weit südlich Bardia abgeschossen. Notlandung. Der anständige feindliche Jäger schoss nicht mehr auf uns als er sah, dass mein Propeller stand. Aber im

Funksprech hat er unseren Ort der Landung durchgegeben. Bald erschienen zwei Panzer; wir haben uns gut verborgen und sie zogen wieder ab, nicht ohne unsere aus den Tragflächen bereits herausgenommenen Wüsten-Notverpflegungen, usw. mitzunehmen. Da standen wir nun, setzten die Maschine in Brand und mein Unteroffizier Meier und ich gedachten, nachts nach Westen zu unsere Panzerarmee wieder zu erreichen. Bald aber erschien von Südosten her breit über den Horizont gefächert ein feindlicher Verband, dem wir nicht ausweichen konnten. Sie erwischten mich; Meier verblieb gut getarnt. Es war die englische 7. Panzer-Division. In ihren großen Kommando-Kastenwagen hinein, wo sie mich nach militärischen Dingen befragen wollten. Ich lehnte ab. Man sah mich an und klappte etwas enttäuscht eine Akte zu. „All right", und ich konnte gehen. Draußen drängte eine merkwürdige Sorte von Briten auf mich zu, deren Sprache mein Schulenglisch nicht gewachsen war. Aber sie wollten von mir wissen, was der Adolf Hitler an guten Sachen für den kleinen Mann tue. Aha – und ich begann zu erzählen. Aber kurz darauf wurden wir getrennt; das durfte nicht sein. Nachts ging ein erster Fluchtversuch schief; ich blieb ein wohl bewachter Gast. Wir zogen weiter hinter Rommel her. Abends um ein Feuerchen, jeder suchte sich eine Konserve anzuwärmen. Eine Feldküche habe ich bei den Burschen nicht gesehen. Und plötzlich sitzt ein junger Captain neben mir und seine Worte haben sich mir eingeprägt: „Hey Jerry, are we mad?" – Ich antworte nicht, was will der wohl. – „Are we mad, I say, to fight each other here in this bloody desert?" – Oh ja, so it is." – „Don't you know, we together could have pocketed the world!" – So ein richtiger Imperialist – „But you know, Adolf Hitler had made suggestions to England again and again." – Wir sassen auf dem Boden und er streckte Arme und Beine von sich und rief: „Never with him!" – „But you never try, make a try and you will see that it will function." – Er sah eine Weile ins Feuer, sagte nichts, stand auf und ging ins Dunkel zurück zu seiner Kompanie. Das war ein diplomatischer Kontakt auf unterer Ebene gewesen, ohne jeden Erfolg.

Hierher gehört das folgende Ereignis, das sich aber zeitlich voraus im späten Winter 1943/1944 ereignet hat. Während des italienischen Feldzuges, außerordentlich geführt von Feldmarschall Kesselring in jahrelangem hinhaltenden Widerstand mit Gegenangriffen, sollte auf der Bahn zwischen Forli und Ancona ein deutsches Regiment durch einen Tunnel zurückgenommen werden. Ich lernte 1976 in geschäftlichen Dingen in Johannesburg einen Direktor der Standardbank kennen, der mir dann persönlich etwas berichten wollte. Er führte 1943 eine südafrikanische Jabo-Staffel, und sie sollte Eingang und Ausgang des Tunnels zuwerfen, sobald das Regiment im Tunnel war. Die bevorstehende deutsche Truppenbewegung war auf irgendeine Weise dem Feind bekannt geworden. Vor dem Einsatz wollte er die Ziele rekognoszieren und flog sie ab. Dabei holte deutsche leichte Flak ihn herunter; mit zerschossenem Bein konnte er im Mittelgebirge auf einer Schneefläche notlanden, sich aus der Maschine herauswinden und Schnee auf die Wunde packen. Italienische Bauern eilten von einem Felde heran, um ihn mit Hacken zu töten. Die Kanoniere der leichten Flak aber verhinderten das eben noch. An die Eisenbahnlinie auf einer Bahre heruntergebracht, sprach ihn der Kommandeur des deutschen Regiments an: „Sie müssen schnell operiert werden. Sie haben die Wahl: Wir fahren heute Abend mit der Bahn durch einen Tunnel nach Norden. Dort haben wir ein Lazarett. Sie können mitkommen. Oder aber, Sie wollen hier bleiben und auf Ihre Truppe warten. Die Zeit bis zur Operation scheint mir dann ungewiss. Wie wollen Sie es haben?" Ein böser Entschluss lag vor ihm. Hier stand sein Lebensretter, der bald vernichtet werden würde. Das konnte er aufhalten, durfte es aber nicht. „Lassen Sie mich hier auf meine Truppe warten, Herr Oberst." Das Regiment wurde im Tunnel vernichtet. Der Südafrikaner, immer noch an seinem Stock mühsam gehend, war mit der tragischen Entscheidung nicht fertig geworden, die er getroffen hatte.

POW Camp 311 bei Suez, zahlreiche „Cages", eins mit

Deutschen, viele mit Italienern. Wir waren wohl 200 Deutsche, etwa zur Hälfte Offiziere und Soldaten. Unser Ältester war Oberst Renner. Ein Blutordensträger der NSDAP, denn die Fähnriche der Kriegsschule München waren am 9. November 1923 mit Adolf Hitler zur Feldherrnhalle mitmarschiert. Renner war hoch sportlich. Unter uns war irgendein Kameraden-Diebstahl geschehen. Alles trat an, Renner erzürnt vor der Front: „Wir untersuchen das. Und wenn wir ihn haben, bekommt er mit meiner Faust zu tun!" Und er streckte seine Rechte empor. Da tritt aus dem Glied der Mannschaften einer vor und stottert laut: „Nnnee, nne, Oberst! Dddass llassen Se iiiiiaii iiieiiiie Ssache sssein!" Dieser Typ war als Deutscher, Fremdenlegionär der Franzosen, gefangen genommen worden; es war in Deutschland streng verboten gewesen, zur Fremdenlegion zu gehen. Wurden wir solcher Knaben habhaft, dann gelangten sie in eine Strafeinheit. Und so auch dieses Original.

Im Lager 311 planten Martin Moosdorf und ich einen Ausbruch, bei dem Italiener uns halfen. Wir schafften es mit einer italienischen Arbeitskolonne an eine Konservenfabrik mit Lastwagen hinausgefahren zu werden, von wo wir zu einem nahen Flugplatz zu verschwinden gedachten. Dort standen zweimotorige Bristol-Blenheim, deren Instrumentierung und Schaltplan wir durch unsere italienischen Freunde irgendwie besorgt hatten. Wir wollten die Nacht abwarten, eine Maschine starten und nach Kreta fliegen. Bereits an der Konservenfabrik abgefangen, zurück ins Lager mitsamt den hilfreichen Italienern. Der Lagerkommandant, Oberst Bannerman, verdonnert uns alle zu „4 weeks Kalabush" d.h. Arrest. Moosdorf und ich in einer Zelle. Beim morgendlichen Aufstehen fasst der wachhabende Unteroffizier mich an die Schulter „Hurry up. Fold up your blankets". Ich fahre herum: „How do you dare to touch a German Officer!" Es war ein lauter Anschiss. Der Mann blieb still, aber nach dem Frühstück führte er mich nebenan in eine leere Zelle. Nach einer Stunde betrat er sie wieder, ging an das kleine Fenster, und drehte an einem der Gitterstäbe. Es saß nur locker. Der Mann sah mich triumphierend an und ging. Vielleicht eine Stunde später erschienen der Kommandant und er, ich trat heraus. In kurzen Worten teilte mir Bannerman mit, ich werde zu drei Tagen bei Wasser und Brot verurteilt; ich habe ausbrechen wollen und dabei das fiskalische Eigentum beschädigt. Meine Gegenrede wurde nicht angenommen. Bannerman wusste es sicher besser, aber er war ein eisern loyaler Vorgesetzter seines Unteroffiziers. Solch gelassene Überlegung kam mir damals nicht; ich war wütend und verweigerte Brot und Wasser. Nach dem Blödsinn kamen Moosdorf und ich wieder zusammen und saßen unsere Zeit ab.

Ende April 1943 ging es im Hafen von Suez aufs Schiff. Es war die „Capetown Castle", ein zum Transport umgebautes schnelles Passagierschiff von 24000 BRT. An Bord getrennt etwa 160 deutsche Offiziere, vielleicht 400 deutsche Soldaten, eine Menge britischer Soldaten und die Besatzung. Es ging über Aiden, Bombay, tief in den kühlen Süden, um U-Booten auszuweichen. In den Tagen saßen wir zur Beratung, wie wir das Schiff kapern und zu den Japanern fahren könnten. Zuvor sollte ein kleineres Schiff, mit deutschen Kriegsgefangenen unterwegs nach Australien, auf See genommen worden und nach Nippon gelangt sein. Das wollten wir auch. Mit uns saßen zwei U-Boot Kommandanten, die uns erklärten, sie besäßen die Patente, auch dieses Schiff zu fahren. „Es ist Eure Sache, oben beim Spaziergang die vier Maschinengewehre schnell zu überwältigen. Dann müssen wir in einem Sprung an der Funkerbude sein." Wo auf dem langen Schiff war nun die Funkerbude? Unter uns hatten wir einen Doktor, Rotkreuz-Binde um den Arm, der ab und zu zu medizinischen Versorgungen gerufen wurde und auf dem Schiff herumkam. Doktor erhielt den Auftrag, die Funkbude zu finden. Kurze Zeit darauf meldete er, diese befände sich vorne, nahe der Brücke. Wir waren am Heck. Da kamen unsere U-Boot Kameraden zu der Ansicht, die Strecke sei zu lang, um ohne Schüsse und Lärm an den Funker heranzukommen. Wir hätten dann bald ein schnelles

46

Kriegsschiff auf dem Hals. Sie rieten dringend von dem Unternehmen ab. Von uns Land- und Luftratten gab es heftigen und langen Widerspruch, bis schließlich Oberst Renner eingriff: „Wir haben uns der Einsicht unserer Kameraden zu fügen. Wir werden also Ruhe halten, und dieser Befehl geht an jeden Einzelnen von uns." Ob unser Vorhaben gelungen wäre, können wir nicht sagen. Ich hatte darüber im „Deutschen Soldatenkalender" 1996 den Aufsatz mit dem Titel „Auftrag verfehlt?" geschrieben. Unsere Kapergespräche waren aber abgehört worden, die „perfiden Briten" hatten unseren Aufenthaltsraum mit „Wanzen" versehen. Als wir Ende Mai schließlich in New York eintrafen, erzählte uns ein Schiffsoffizier davon. Natürlich – da war doch mitten im Indischen Ozean die gute und reichliche Verpflegung ganz plötzlich nur noch gut gewesen, und bald darauf waren wir schlapp und wir konnten uns nur schwer zum zweimaligen Spaziergang am Tag nach oben ziehen. Sie hatten den Fall still und elegant gelöst.

Aus reichlich kühler Klimazone fuhren wir im Zick Zack hinauf nach Durban. Von da unter starker Luft- und Seedeckung nach Kapstadt. Dort fehlte es nicht viel, und wir wären zwischen dem Hafen und Robben Island von einem deutschen U-Boot torpediert worden. Der U-Boot Gefahr wegen drehten wir nach Südwesten ab und gelangten an die Magellanstraße. Zwischen Feuerland und dem Kontinent zeigte sich eine ungeheure Landschaft, stärker noch als norwegische Fjorde. Schwere Wasserfälle gossen aus den Eiskappen der Berge über Felsenstufen ins Meer. Unser großes Schiff erschien sehr klein. Während der Durchfahrt zeigte mir einer der U-Boot Männer auf der Feuerlandseite einen Leuchtturm. Während einer Auslandsreise vor dem Kriege hatte er von dort einen deutschen Winkspruch erlebt. Es war ein Besatzungsmitglied des kaiserlichen Kreuzers „Dresden" gewesen, der da das neue deutsche Kriegsschiff grüßte. Die „Dresden" war 1915 in der Schlacht bei den Falklandinseln untergegangen. Weiter ging es die Westküste Südamerikas entlang, durch den zur See und zur Luft schwer geschützten Panama-Kanal, über das karibische Meer nach New York. Eine zweimonatige Fahrt auf Kosten S.M. des Königs von Großbritannien, fünfte Klasse auf Wasserlinie. Aber was haben wir täglich unterwegs gesehen! Der Kapitän der „Capetown Castle" hat später ein Buch über seine Fahrten veröffentlicht. Darin beschrieb er auch diese Fahrt und bezeichnete uns als „The worst lot I ever had on board".

Nächtliche Ankunft vor New York. Wir durchlaufen einen Geleitzug, der sich da eben sammelt zur Überfahrt nach England. Unsere Bullaugen waren so fest zugeschraubt, dass wir sie mit Hand nicht öffnen konnten. Mit Hilfe eines langen Schöpflöffels aber, dessen Stiel um eine Mutter gewickelt das erste Bullauge nach und nach aufbrachte, war dann noch ein zweites geöffnet worden und aus unserem abgedunkelten Schiff leuchtete es auf die Wasserfläche. In die Versammlungen dieser Geleitzüge pflegten sich unsere U-Boote zu setzen, um schon erste Opfer zu holen. Rufe in unserem Raum: „Bullaugen dicht!" Und gleich die Gegenrufe: „Macht weiter auf! Der Pott soll absaufen!" Da standen die Kameraden gegeneinander und es wurde hitzig in unserem Raum. Ich weiß nicht, was geschehen wäre, wenn nicht Oberst Renner schneidend befohlen hätte, die Bullaugen wieder zu schließen. Das ganze war auf die Frage hin gelaufen, ob es wichtiger sei etwa fünfhundert deutschen Kriegsgefangenen das Leben zu erhalten, oder ein großes feindliches Transportschiff untergehen zu lassen.

Auf die Eisenbahn von New York nach Montreal, wo wir in einem nahen Lager namens Grande Ligne untergebracht wurden. Wiedersehen mit einem Freund und auch alten Bekannten. Ich trete in einen Raum, wo mir klar die Stimme unseres Propagandaministers Dr. Josef Goebbels vertraut entgegen tönt. Das war der geheime Radioempfänger, gebaut und versteckt von Könnern. Die Kameraden hatten Verschiedenes hinter sich, so auch die „Battle of Bowmanville". Beim Anlandungsversuch von Dieppe 1942 hatten Engländer mehrere deutsche Soldaten gefesselt und ertränkt gehabt. Kurz danach war ein englisches Kommando beim Einsatz auf den U-Boot Stützpunkt Saint-Nazaire gefangen genommen worden. Die acht Mann hatte man zur Vergeltung der Angelegenheit von Dieppe für mehrere Tage gefesselt gehabt. Churchill konnte sich eine weitere Vergeltung nicht verkneifen und London befahl, dass 16 deutsche Heeresoffiziere für einige Zeit zu fesseln seien. Das Lager lehnte ab und der Lagerälteste gab dem kanadischen Kommandanten bekannt: „Wir werden uns schlagen." Der Kanadier hatte seinen Befehl von London und erklärte, man würde nicht schießen und keine blanke Waffe verwenden; am kommenden Sonntag werde ein Bataillon vom nahen Übungsplatz den Widerstand brechen. Mit Knüppeln. Bowmanville war ein Heim für schwer erziehbare Knaben gewesen, feste Wände und Türen, breite hoch gelegene Fenster. Man rüstete auf, Boiler wurden aufgeheizt und Schläuche angeschlossen. Marmeladengläser u.a.m. zum Wurf bereitgestellt, Kissen auf den Kopf gebunden p.p. Bevor es am Sonntag los ging, lief zwischen dem Zaun und einem Gebäude innen das „Lagerschwein" entlang. Ein Jude aus Ungarn, der in kanadischer Uniform immer wieder zum Schaden der Lagerinsassen dolmetschte. Eine Tür auf, und Korvettenkapitän Otto Kretschmer und ein Fähnrich sprangen heraus und zogen „das Lagerschwein" ins Gebäude. Vom Turm peitschten Schüsse, der Fähnrich bekam einen glatten Durchschuss durchs Bein. Drinnen hockte in einer Mauerecke das Opfer auf dem Boden und die „Nazis" spielten Theater. Sie umkreisten ihn drohenden Blickes, Hände in den Hosentaschen. Dann schmissen sie ihm Zigaretten hin und draußen ging es los. Nach sechs Stunden Kampf sollen die Gebäude geknackt worden sein, Verwüstung überall, am Boden schwammen die Dinge im Wasser. Auf der kanadischen Seite ein sterbender Neger, ihm war mit einer 1-Liter-Bierflasche der Schädel eingeschlagen worden. Auf der deutschen Seite das ausgeschlagene Auge eines Jagdfliegers. In der Küchenbaracke waren die Kanadier durch die großen Fenster bald eingebrochen und unsere als Bäcker und

Fleischer arbeitenden Marine-Soldaten zogen die Schlachtermesser, um die Kanadier abzustechen. Mit letzter Autorität warf sich der Küchenoffizier, Hauptmann Reumschüssel, dazwischen, sonst wäre geschossen worden. Nach dem Kampf hatten sich alle Deutschen draußen aufzustellen, funkelnden Auges lief das „Lagerschwein" entlang, um den Täter mit der Bierflasche zu finden. Nichts. Im Lager hatten sich dann 16 Heeresoffiziere mit vorgestreckten Armen hinzusetzen. In einem militärischen Aufzug kamen 16 Kanadier mit Handschellen. Linksum. Die Handschellen wurden übergestreift. Rechtsum. Abmarsch. Die Herren streiften die Handschellen herunter, die in die glühende Heizung geworfen wurden. Der Kommandant konnte melden, 16 deutsche Offiziere seien gefesselt worden. Der Fall war erledigt. Nicht erledigt für die Presse, denn diese wusste es wie üblich besser. Sie tadelte den Kommandanten und seine Leute schwer; diese hätten nicht mit dem Stolz und Kampfeswillen der Deutschen gerechnet, usw. In einem juristischen Endergebnis wurden die am Eigentum der Gefangenen angerichteten Schäden gegen die am ärarisch-fiskalischen Eigentum entstandenen aufgerechnet. Ein kulinarisches Ergebnis blieb „unangenehm": Das Bier wurde auf wöchentlich eine Flasche/Mann reduziert, denn es war eine Bierflasche gewesen, mit der der Schädel getroffen worden war.

Das Oberkommando der Wehrmacht hatte ein Referat eingerichtet „Deutsche Kriegsgefangene in feindlicher Hand", Leiter wurde Edwin Dwinger. Der war als deutscher Kriegsgefangener nach dem Ersten Weltkrieg in Sibirien zwischen die Fronten des Bürgerkriegs geraten und war abenteuerlich in die Heimat entflohen. Wir jungen Leute kannten schon lange seine Bücher, etwa „Zwischen Weiss und Rot". Er war geschätzt unter uns. Und ausgerechnet der Dwinger erließ eine dringende Empfehlung zu uns hinüber, wir mögen nicht zu fliehen versuchen oder uns sonst zu widersetzen; wir sollten uns für die Heimat erhalten. Damit war Dwingers Ruf unter uns tief geschädigt. Viele „escapten" weiter.

Die „unruhigen Elemente" – Ausbrecher, böse Briefe schreibende, u.a.m. – wurden ausgesondert und in ein Lager fern in den Rocky Mountains verlegt. Zweitägige Eisenbahnfahrt durch weite Prärien. Das Lager Seebe auf 1200 Meter über dem Meeresspiegel durch eine hohe Bergkette vom Kurort Banff entfernt. Wir sahen auch den Assiniboine (wohl 4000 m), das kanadische Matterhorn. Einiges Hin und Her, und General Kreipe wurde nach einer Beratung älterer Offiziere als Lagerältester „abgelöst". Die Führung übernahm der Korvettenkapitän Kretschmer, König der U-Boot Kommandanten. Das Lagerradio brachte uns schnell die Nachricht vom Tode unseres Führers, der seelische Druck war ungeheuer, wenige entfernten sich innerlich, aber wir hielten zusammen. England begann, sich vom internationalen Recht zu entfernen, da nun keine Vergeltungen mehr zu erwarten waren. Der Vertreter der Schweizer Schutzmacht ließ sich nicht mehr sehen. Und aus London traf der Befehl ein, uns zur „Vergeltung für Belsen" für drei Wochen auf eine Tagesration von 1200 Kalorien zu setzen. Das auf Gebirgshöhe! Wir hielten uns einigermaßen. Und da erscheint zur täglichen Zählung ein Sergeant, den lange einsitzende Kameraden als „den Killer" erkannt zu haben glaubten. Wir teilen dem Kommandanten mit, dass wir uns von dem nicht zählen lassen und wegtreten würden, wenn er käme. Der Kommandant blieb fest und wir auch. So verhängte er über uns nach dem Ablauf der drei Wochen eine weitere Woche mit nur 800 Kalorien. Wir haben uns auch da gehalten, aber es war scheußlich. Dann der Kommandant: „Der Mann, den Sie „Killer" nennen, ist es gar nicht, er ähnelt nur." Und er zeigte zwei Dokumente. Und dann meinte er, er habe Hochachtung vor uns, denn er habe nicht gedacht, dass wir die „800" in dieser Form durchstehen würden. Nun sein Vorschlag: Jenseits der Bergkette werde das Tal ausgeholzt für den Bau eines Stausees. Der Kontraktor brauche dringend Holzfäller oder nur Leute, aber es gäbe in dieser Gegend niemanden. Zur Arbeit dürfe man Offiziere nicht zwingen, aber nun sei der Krieg ja vorbei und er biete an, dass wir die Arbeit täten. Dann hätten wir Geld und Lebensmittel in der Küche. Also wurden wir im kanadischen hohen Winter für drei Monate Holzfäller. Wir schlugen die hohen Douglas Tannen und viel Unterholz, bekamen schwedische Doppeläxte, lernten auch den fliegenden Schneidenwechsel und wurden für eine Zeit zu gekonnten Lumberjacks.

Mitten in der „Londoner Hungerzeit" wurde in der Lagerhalle ein Gottesdienst eingerichtet, danach sollte ein Film gezeigt werden. Wer hinging, bekam eine Tafel Schokolade! Wenige gingen. Aber nach dem Film stürzte aus der Baracke ein Sonderführer (Bild) heraus und rief laut: „Das sind ja Gauner, die haben uns einen KZ-Schreckensfilm gezeigt, mit Bildern, die ich selber 1939 in Bromberg nach dem „Blutsonntag" aufgenommen habe. Ich glaube jetzt nichts mehr, was die uns verzapfen!" Aber er aß die Schokolade, von der er auch abgab.

Hier wird es notwendig, dass ich von unserem Thema der fruchtbaren Spannung zwischen Kommandeuren und Soldaten abweiche. Eine „Judenfrage" interessierte unter uns fast niemanden. Wir wussten zwar von Lagern, vor allem im Osten, wo unruhige Elemente eingesperrt wurden. Na und? In einem Krieg ist das natürlich. Aber von einer „Vernichtung von Juden" erfuhren wir erst aus der New York Times am Ende des Jahres 1943. Zu einer Zeit, als die Alliierten Ihren Sieg bereits deutlich sahen. Die englische Presse machte solche Nachrichtengebung zu der Zeit noch nicht mit. Und wir konnten uns so etwas nicht vorstellen, uns fiel vielmehr die alte Greuelpropaganda aus dem Ersten Weltkrieg ein: geschändete Nonnen, abgehackte Kinderhände, auf Bajonett gespießte Babys. Wir kannten Feindpropaganda aus beiden Weltkriegen und waren immun. Auch die wenigen unter uns, deren Auffassungen dem Nationalsozialismus diametral entgegenstanden. So ein mir gut bekannter Staffelkapitän aus einer Zerstörergruppe (ME 110).

1946 geht es über die See nach England. Und, optimistisch zu allermeist, stellen uns vor, es ginge nun auch bald zurück nach Deutschland. So war das nicht. Ein Lager bei Glasgow, viele lange Nissenhütten mit halbrundem Wellblechdach. Jede hat einen langen Mittelgang, rechts und links davon Vierecke mit je zwei Betten und einem schmalen Tisch dazwischen. Ich komme in das Viereck des Hüttenältesten, wo gerade ein Bett frei ist. Dort sitzt beachtlich groß ein seltenes Tier: Ein Oberst der Reserve. Er hatte die Felsenhalbinsel St. Malo vor der Bretagne über den Waffenstillstand hinaus verteidigt. Aufforderungen zur Übergabe mit bösen Worten abgelehnt, bis Essen und Munition ausgegangen waren. Amerikaner und Engländer nannten ihn den „Madman of St. Malo". Ich melde mich und es erhebt sich ein Schrank von einem Mann und sagt: „Mein junger Häuptling, Sie bilden sich ein, ich hätte St. Malo für den Adolf verteidigt. Ich habe St. Malo für den Aulock verteidigt, ich bin der Aulock!" Er legte die Faust so fest auf seine Brust, dass es leise tönte. Die gewaltige Erscheinung wirkte wie aus einem lange vergangenen Jahrhundert. Wir setzten uns. Irgendwann später war ein junger englischer Offizier erschienen, um dem Ältesten der langen Hütte etwas mitzuteilen, und er tippte den Oberst von Aulock auf die Schulter. Dieser erhob sich langsam in seiner Riesengröße und röhrte mit der gewaltigen Stimme: „What do you dare!" Mit Zeichen des Schreckens trat der junge Mann rückwärts und eilte schnell davon.

Hier, da und dort verletzte Albion internationale Konventionen. So sollten nun auch die deutschen Kriegsgefangenen, bevor sie viel zu spät entlassen wurden, politisch klassifiziert werden. In A, B und C. Diese waren dann „black and ardent Nazis"; C + waren dann ganz Verworfene. Ich befand mich inzwischen in einem anderen Lager, und es wurden für die politischen Vernehmungen zuvor jedem einzelnen Formblätter zugeteilt. Darauf stand zu lesen: Beantworte folgende Fragen ... An meinem Tisch ein Leutnant der Kavallerie, er liest das und schreibt quer über das ganze Blatt „Habe ich mit dem Verfasser dieser Zeilen Schweine gehütet?" Uns und auch ihn erboste die 2. Person Einzahl auf dem Blatt, das „Du" also. Und er weigerte sich, zur Vernehmung zu gehen. Es gab unter uns Gespräche über die ganze Angelegenheit und unser Hüttenältester kam heran. Es war der Korvettenkapitän Kretschmer. Er nahm sich den widerspenstigen Leutnant vor und ich höre: „Das geht nicht so einfach. Sie gehen da hin; Sie werden Ihre Seele nicht verkaufen. Sagen Sie dem einfach was Sie denken. Wir müssen sehen, dass möglichst viele von uns nach Deutschland zurück kommen können. Gerade jetzt. Das ist ein dienstlicher Befehl, verstehen Sie!" Der Leutnant knurrte, widerwillig: „Jawoll, Herr Kapitän."

Es hatte im Januar 1945 den „Aufstand der Jagdflieger" gegeben, viel zu spät. Als Teilnehmer hat mir nach dem Kriege „Edu Neumann", der Jagdfliegerführer Nordafrika, davon erzählt. Lagebesprechung des Reichsmarschalls und Oberbefehlshabers der Luftwaffe, Hermann Göring, mit den Kommodores der Jagdflieger. Unmittelbar nach der Eröffnung ergreift Oberst Lützow einfach das Wort und sagt: „Sie werden jetzt schweigen, Herr Reichsmarschall. Wenn Sie mir das Wort nehmen und mich etwa unterbrechen wollen, dann hätte die ganze Besprechung hier keinen Sinn!" Und er legte dem Oberbefehlshaber sein Versagen während des Krieges Punkt um Punkt vor. „Nun ist es Zeit, Herr Reichsmarschall. Treten Sie ab!" Göring hatte immer wieder unterbrechen wollen, und am Schluss von Lützows Worten warf sich der Dicke über den Lagetisch, trommelte mit den Fäusten und schrie: „Wer ist hier noch gegen mich?" Einige Feiglinge traten zurück und für die anderen zog Göring aus dem Mittelalter das Institut der „Reichsacht" hervor. Sie verloren ihre Dienststellungen und durften nur noch außerhalb der Reichsgrenzen fliegen und sich aufhalten. Gründlich zu ändern gab es ohnehin nichts mehr.

Ich schließe damit eine lange Reihe von Erlebnissen ab. Sie

können nicht nur nachfolgenden Generationen, sondern auch dem Historiker in Einzelfragen dienen. Wir können sie fachlich zwar nicht „Quellen" nennen, weil sie nicht Dokumente im engen Sinne sind. Sie sind aber erlebt und von einem Wahrheitsliebenden der alten Generation berichtet, und damit kann der Historiker sie getrost als „gesicherte Literatur" einstufen. Die Berichte spiegeln nur einen kleinen Teil des großen Erlebnisses Wehrmacht wieder; ich denke aber, dass wir hier „pars pro toto" gelten lassen können. Die preußischen und deutschen Streitkräfte waren seit Friedrich II. (dem „Grossen") auf hoher Stufe einmalig in der Welt gewesen. Nicht nur im fachlichen Können, sondern auch in innerer und äußerer Haltung. Und unserem deutschen Volk ist zu sagen, dass ohne den vorbeugenden Angriff der Wehrmacht auf Sowjetrussland am 22. Juni 1941, die Sowjets Europa genommen hätten mit all den Folgen, die wir von Stalin kennen. Die vielen voreingenommenen und kenntnislosen Kritiker der Wehrmacht und ihrer Regierung würden zum großen Teil heute gar nicht leben. Denn Stalin hätte ihre Eltern getötet.

Sehen wir die Vergangenheit gelassen an und ohne voreingenommen zu sein, dann werden wir Künftiges ebenso beurteilen und planen können.

Unsere Wehrmacht war ein strenger Orden, in dem es immer wieder Raum gab für vergnügte und auch zwerchfellerschütternde Begebenheiten.

Nachtrag - Das Deutsche Kreuz in Gold

Das Deutsche Kreuz in Gold war mir verliehen worden und wurde mir am 21. August 1942 durch meinen Geschwaderkommodore, Oberstleutnant Walter Sigel, auf dem Gefechtsstand überreicht, gemeinsam mit einem anderen Kameraden. Anheften konnte er den Orden nicht, denn dazu mussten ja erst die Schlaufen auf die Uniformjacke genäht werden. Wir befanden uns mitten in den Einsätzen um El Alamein. So erinnere ich mich keiner besonderen Feierlichkeit.

Lebensdaten

Heinz-Georg Wilhelm Migeod, geboren am 24. Februar 1918 in Stettin. Dort war damals die Dienstwohnung meines Vaters. Vater aus einer Hugenotten-Familie in Königsberg, gefallen Juli 1918, als Kommandeur des Reserve-Jäger-Bataillon Nr. 17.
Mutter geb. Lehmann, aus Kriegersdorf (Karbowo) Kreis Strasburg, Westpreußen.
Frühe Jugend in Kriegersdorf.
Schule bis zum Abitur in Zoppot, „Freistadt" Danzig.
Bundische Jugend (Deutsche Freischar) 1929 bis 1934.
Dezember 1935 vorverlegtes Abitur.
Januar 1936 Reichsarbeitsdienst.
6. April 1936 Eintritt als Freiwilliger und Offiziersanwärter in das A.R. 12 in Schwerin.
November 1936 Kriegsschule Dresden, 1937 Disziplinarstrafe, zurück zum Regiment.
Unteroffizier und Geschützführer 7./A.R.12 in Rostock, Teilnahme am eindrucksvollen „Grossen Wehrmachtsmanöver" westliches Mecklenburg, das Manöver überhöht durch Anwesenheit von Hitler und Mussolini.
Herbst 1937 Kriegsschule Hannover.
Meldung zur Luftwaffe.
Ab Juni 1938/1939 Flugzeugführerausbildung bei München, Neubiberg und Schleißheim erheblich ausgedehnt, da Flugschüler befreundeter Staaten (bei uns Bulgaren) vorangezogen wurden.
Beförderung zum Leutnant 1.10.1938. Der ganze Jahrgang, Heer, Marine, Luftwaffe, eingeladen vom Führer in die soeben fertiggestellte Neue Reichskanzlei. Ein ausgedehnter Bau von ungeheurer Schönheit, klassisch und älter, hohe Säulen, Mosaikpfeiler. In der langen Mosaikhalle Paradeaufstellung in drei Gliedern. Der Führer schreitet die Front ab. Sehr langsam, ernst, sieht jeden einzelnen ins Auge – Rührt Euch, erneut Stillgestanden, es folgt Göring, Uniform-Prunk, heiter, rasch und oberflächlich – dann Ansprache des Führers im großen Kuppelsaal an die etwa 800 Leutnante – mehrmals eindringlich,

wir hätten ihm und nur ihm zu folgen. – Diese Eindringlichkeit m.E. Folge seiner Enttäuschung in den „Krisen" um Generaloberst Freiherr von Fritsch und Generalfeldmarschall von Blomberg Anfang 1938.

9. November 1938 München, Kauffinger Strasse, die frischen Spuren der „Kristallnacht" wahrgenommen – erste Zweifel an der Rolle der Opfer.

Meldung zur Sturzkampfwaffe, aber Kommandierung zur Jagdfliegerschule Werneuchen.

Nach erneuter Meldung zur Sturzkampfwaffe, November 1939 Sturzkampfschule Insterburg/Ostpreußen.

März 1940 Versetzung I. St.G. 76 (Friedensstandort Graz).

10. Mai 1940 West-Offensive Frankreich.

12. Oktober 1940 abgeschossen durch französische Curtiss über Sedan, Notlandung in einem Waldtal der Ardennen, Schütze tot, feierliche Beerdigung mit Hilfe von Dorfbewohnern.

Juli 1940 erste Einsätze in der Luftschlacht über England, Ziele bei Southampton.

November 1940 endlich Verlegung über Breslau, Wien, Kekschkemet, Bukarest nach Bulgarien.

6. April 1941 Angriff auf die moderne Metaxas-Linie und damit auf Griechenland zur Entlastung der in Albanien geschlagenen Italiener. Griechenlandfeldzug, Angriff auf Kreta und Einnahme, Teilnahme an der erheblichen Reduzierung der englischen Mittelmeerflotte.

Juli/August 1941 auf Rhodos (damals italienisch). Zweck des Einsatzes auf Rhodos war der Angriff und die Vernichtung der sowjetischen Schwarzmeer-Flotte falls diese Bosporus und Dardanellen nach Süden passieren würde.

November 1941 Verlegung nach Derna, Nordafrika, Teilnahme am ersten fehlgeschlagenen Angriff auf Tobruk, erster Rückzug der Panzerarmee Nordafrika.

Dezember 1941 mit schwerer Gelbsucht über Athen, Venedig, nach Berlin, Lazarett bis März 1942.

Waffenlehrer Sturzkampftaktik Ergänzungs-Staffel St.G. 3 in Piacenza.

60

Juni 1942 wieder zum Geschwader nach Nordafrika, Staffelführer.

Einnahme von Tobruk, Vormarsch auf El Alamein nach Niederlage dort 30. Oktober 1942, Rückzug.

11. November 1942 Angriff im Morgengrauen auf englische Panzerspitzen, abgeschossen, Versuch, zurückgehende deutsche Truppe zu erreichen fehlgeschlagen. Kriegsgefangen durch die englische 7th Armoured Division. Selbstverständliche Beachtung der internationalen Kriegsregeln, Verhör abgebrochen, Ausbruchsversuch ohne besondere Folgen.

Der Rückweg in die englische Etappe war anders. Erlebnisse in Alexandria und im Verhörlager bei Kairo, amüsanter Zorn des erfolglosen Verhöroffiziers (ein polnischer Major). Gefangenenlager bei Suez, Ausbruchsversuch fehlgeschlagen, 4 Wochen Arrest (Kalabusch).

März 1943 auf „Capetown Castle", 24000 BRT, Fahrt über Aiden, Bombay, tief nach Süden ausholend nach Durban, dann Kapstadt, Punta Arenas an der Magellan Strasse, diese hindurch, Westküste Südamerika, an amerikanischen Flottenansammlungen vorbei, Panama Kanal, New York, Eisenbahn nach Montreal. Lager „Grande Ligne", Ausbruchsversuch, 4 Wochen Kalabusch. Verlegung der „unrly" elements und „black and ardent Nazis" auf der großen kanadischen Eisenbahn in die Rocky Mountains.

Unmittelbar nach dem Verlust des Krieges 1945 von London her unterdrückende Maßnahmen angeordnet. Meldung zur Holzfällerei bringt Erholung und Freude. 1946 Verlegung nach England – ein Jahr unter harten Bedingungen, Hunger und Kälte.

Latrinen-Parole bringt Nachricht über Aufstellung deutscher Armee durch Sowjets, viele von uns wären dahingegangen, um Invasion nach England zu vollziehen.

Unrechtmäßige politische Verhöre, Kameraden der Waffen-SS wollen vorerst nicht nach Hause, kommen zum Verhör hinein mit „Deutschem Gruß" und werden hinausgeworfen. Ein weiteres halbes Jahr gefangen.

Entlassung aus der Kriegsgefangenschaft Juni 1947 in Munsterlager und Dachau.

Letzter Dienstgrad Hauptmann – Auszeichnungen E.K. II, E.K. I, Ehrenpokal für besondere Leistung im Luftkrieg ("Pokal"), Deutsches Kreuz in Gold ("Reichsspiegelei").
Heirat 31.07.1947 in Schliersee.
Drei Kinder, Studium in München und Göttingen: Geschichte des Islam und Volkswirtschaft, lange Verzögerung nach Verkehrsunfall, Promotion Dezember 1956 mit Maxima Cum Laude.
Als Auslandsdelegierter der Farbwerke Hoechst Einsatz in Syrien/Libanon, Sudan, Äthiopien. Ab 1964 Förderung deutscher Privatinvestitionen und Inspektion der Entwicklungshilfe-Projekte in der Türkei.
Ab 1973 selbständiger Kaufmann in Südafrika, Förderung von industriellen u.a. Investitionen aus Europa. Ende der beruflichen Arbeit 1988.
Seit etwa 1966 historischer und politischer Einsatz für unser verleumdetes und unwissendes Volk – vorerst endet diese Arbeit nicht.

Autor

Die persische Gesellschaft unter Nasiru 'd-Din Sah (1848-1896)
Berlin 1990.

Das persische Volk im Wandel.
Berlin 2006.

sowie verschiedener militärgeschichtlicher Beiträge.